Manfred Becker-Huberti

Heiliger Nikolaus

W0402224

topos premium
Eine Produktion des Verlags Butzon & Bercker

Manfred Becker-Huberti

Heiliger Nikolaus

Geschichte – Legenden – Brauchtum

topos premium

Verlagsgemeinschaft topos plus
Butzon & Bercker, Kevelaer
Don Bosco, München
Echter, Würzburg
Matthias Grünewald Verlag, Ostfildern
Paulusverlag, Einsiedeln (Schweiz)
Verlag Friedrich Pustet, Regensburg
Tyrolia, Innsbruck

Eine Initiative der
Verlagsgruppe engagement

www.topos-taschenbuecher.de

Bibliografische Information der Deutschen Nationalbibliothek
Die Deutsche Nationalbibliothek verzeichnet diese Publikation in der Deutschen Nationalbibliografie; detaillierte bibliografische Daten sind im Internet über http://dnb.d-nb.de abrufbar.

ISBN: 978-3-8367-0048-1

2018 Verlagsgemeinschaft topos plus, Kevelaer
Das © und die inhaltliche Verantwortung liegen beim Verlag
Butzon & Bercker, Kevelaer.
Umschlagabbildung: Hans Schertl
Einband- und Reihengestaltung: Finken & Bumiller, Stuttgart
Satz: SATZstudio Josef Pieper, Bedburg-Hau
Herstellung: Friedrich Pustet, Regensburg
Printed in Germany

Heiliger Nikolaus,

als du erfahren hast,
dass ein Vater seine drei Töchter
auf die Straße schicken wollte,
weil er ihren und seinen Lebensunterhalt
nicht mehr bezahlen konnte,
hast du als junger Vollwaise dein ererbtes Geld dafür eingesetzt,
dass dies nicht geschieht.
Du wolltest als Christ den Mädchen
den Weg in den Himmel offenhalten.

Wenn wir an deinem Gedenktag
in deinem Namen beschenkt werden,
wollen wir die kleinen Geschenke als Wegmarkierungen
auf unserem Weg in den Himmel sehen:
Deine Tat ist uns Vorbild,
unser Lebensziel nicht aus den Augen zu verlieren.
und wir helfen anderen, auf dem Weg zum Himmel zu bleiben.

Sei du uns dabei Richtschnur und Hilfe!

Inhalt

Vorwort

Wenn der Ruhm eines Mannes mehr als 1500 Jahre andauert, dann beruht das selten auf seiner Macht, seinem Besitz oder seinem Heldenmut. Die Erinnerung wird meist durch Übernatürliches, das Diesseits übersteigende Denk- und Handlungsweisen, genährt. Das, was das damalige Heute übertrifft, ist auch morgen nicht einfach von gestern. Verbindet es sich auch noch mit einem symbolischen Tun, das zeitübergreifende Bilder benutzt, so brennt es sich tief in das kollektive Bewusstsein der Menschen ein.

Wer sein Hab und Gut einsetzt, um Mädchen von der Verstrickung in Sünde fernzuhalten, um ihnen den Weg in den Himmel offenzuhalten, und wer das anonym tut, weil er keinen persönlichen Ruhm ernten möchte, der ist so einer, der zeitlos wird, weil sein Handeln in jeder Zeit verstanden wird.

Der Bischof Nikolaus von Myra ist ein Mann, dessen Ruhm bis in die Gegenwart reicht – auch wenn die Zeitverhältnisse vieles getan haben und tun, um ihn vergessen zu machen. Man hat versucht, ihm seine Seele zu nehmen und ihn in einen glaubenslosen „Koofmich“ namens „Weihnachtsmann“ zu verwandeln. Im atheistischen Osten mutierte er zum „Väterchen Frost“. Andere haben das symbolische Schenken verselbstständigt und das Schenken materialisiert: Möglichst viele und kostbare Geschenke sollen den hergebrachten Sinn des Schenkens vergessen machen.

Aber hinter allen diesen falschen Vorhängen ist noch immer der alte Bischof aus Myra zu erkennen, die selbstlose Güte eines Menschen, dem seine Nächsten nicht gleichgültig sind, der über den Tod hinausschaut: auf ein letztes Ziel aller Menschen, das Einssein mit Gott.

Wer sich mit Nikolaus-Bräuchen beschäftigt, erlebt die christlichen Festinhalte sinnlich: Ihr Sinn kann gelesen, gesungen, gespielt und gehört werden. Nikolaus kann man schmecken und schlucken, Nikolaus kann man im Spiel vergegenwärtigen, Nikolaus kann man mit allen Sinnen erfassen.

Dieses Buch geht der Geschichte und Überlieferung dieses Bischofs Nikolaus nach und zeigt auf, was wir über ihn wissen und welches Brauchtum entstand und lebendig erhalten wurde, damit es weitergegeben werden kann. Und all das hat nur den einen Sinn: dass auch wir nicht vergessen, unseren Mitmenschen den Weg in den Himmel offenzuhalten und bereit sind, uns den Himmel offenhalten zu lassen.

Manfred Becker-Huberti

Wer ist der heilige Nikolaus?

Der Heilige, den – nicht nur – die katholische Kirche an jedem 6. Dezember eines Jahres feiert, wird im Griechischen Bischof Nikolaos und im Bereich der Westkirche Nikolaus von Myra genannt. Von ihm sind nur Legenden überliefert. Gustav Anrich formulierte 1917 als Ergebnis seiner langjährigen und grundsätzlichen Nikolaus-Forschung: „Die Geschichtlichkeit eines Myrensischen Bischofs Nikolaus ... in Abrede stellen zu wollen wäre ein methodischer Fehler. Es kann einen Bischof dieses Namens gegeben, es kann derselbe sogar große Bedeutung für seine Heimat gehabt haben. Es kann auch der 6. Dezember der Tag seines Todes oder seiner Beisetzung gewesen sein. Das alles sind Möglichkeiten, denen man sogar eine gewisse Wahrscheinlichkeit wird zugestehen können. Weiter ist nicht zu kommen." (Anrich 1917, Bd 2, 514)

Die Feststellungen Anrichs werden heute nicht mehr von allen Historikern geteilt. Ein Teil von ihnen geht davon aus, dass die Angaben 200 Jahre nach dem Ableben des Bischofs ernst genommen werden müssen. Danach wurde Nikolaus um 270 in Patras von wohlhabenden Eltern geboren. Er wurde früh zu einem wohlhabenden Vollwaisen, weil die Eltern an der Pest starben. Als junger Mann ließ sich Nikolaus zum Priester weihen und wurde bald darauf in Myra zum Bischof gewählt. Um 310 sei Nikolaus als Christ wegen Hochverrats gefangen genommen und gefoltert worden. Weil unter Kaiser Konstantin I., der ab 306 regierte, die staatliche Haltung in dieser Frage gegenüber den Christen liberalisiert wurde, kam Nikolaus wieder frei. Als Bischof von Myra nahm er auch am Konzil von Nicäa im Jahr 325 teil.

Was wissen wir historisch exakt wirklich über den heiligen Bischof Nikolaus von Myra?

Der erste historisch sichere Anhaltspunkt, die „Keimzelle der Nikolauslegende" (Werner Mezger), ist die *praxis de stratelatis*, die „Stratelatenlegende" (gr.: praxis = Tat, gr.: stratelatos = Feldherr), die Legende von der wunderbaren Rettung von drei unschuldig zum Tode verurteilter Feldherren durch den Bischof Nikolaus von Myra. Diese Legende lässt sich auf das Ende des 5. bzw. den

Verlauf des 6. Jahrhunderts datieren. Das Außerordentliche dieses Wunders sah die Antike darin, dass es Nikolaus zu seinen Lebzeiten wirkte und dabei, in Myra anwesend, dem Kaiser in Konstantinopel im Traum erschien. Diese Tat machte Nikolaus nicht nur zu einem *thaumatourgos* (gr.: Wundertäter), sondern zum *hyperhagios*, einem „Überheiligen", einer Gestalt, die „normale" Heilige überragt. Nach legendarischer Auffassung wurde Nikolaus schon zu Lebzeiten unter die Engel versetzt. Der *hagios Nikolaos*, wie er in der Ostkirche heißt, gewann eine derart überragende Bedeutung, dass ihm die „Apostelgleichheit" zuerkannt wurde. Die Legende, die die Handlung zu Lebzeiten des Heiligen ansetzt, spielt zu Zeiten des Kaisers Konstantin (306–337), der mit der „Konstantinischen Wende" die Ära des Christentums im Römischen Reich eröffnete. Die älteste erhaltene Aufzeichnung der Legende wird in die Zeit zwischen 460 und 580 datiert; es ist natürlich keineswegs ausgeschlossen, dass noch eine ältere Fassung entdeckt werden könnte.

Die griechisch-orthodoxe Kirche hat bis heute die Wochentage bestimmten Heilsereignissen gewidmet: Am Sonntag wird der Auferstehung Christi gedacht. Am Montag gedenkt man der Engel. Am Dienstag steht Johannes der Täufer im Mittelpunkt, am Mittwoch die Gottesmutter Maria. Der Donnerstag ist den Aposteln und dem Gedächtnis an den heiligen Nikolaus gewidmet, während Freitag und Samstag des Sterbens und der Grabesruhe Christi und aller Verstorbenen gedacht wird. Nikolaus ist also der einzige Heilige neben der Gottesmutter Maria und den Aposteln, der zu dieser Ehre gelangt ist.

Die religiöse Popularität des heiligen Nikolaus besteht in der Orthodoxie bis zum heutigen Tag ungebrochen fort. Seine enorme Hochschätzung ist in einem russisch-bulgarischen Scherzwort zu erkennen: Wenn Gott stirbt, dann wählen wir den heiligen Nikolaus zu seinem Nachfolger!

Während für den modernen Menschen die legendarische Ebene des heiligen Nikolaus, wo der Heilige für eine Glaubenshaltung steht und – letztlich – losgelöst von seiner irdisch-realen Existenz, nicht notwendig mit ihr verbunden sein muss, unterschieden Menschen in der Antike und im Mittelalter solche „Feinheiten" nicht. Sie konnten sich den Heiligen real vorstellen, wie zahllose Abbildungen noch heute beweisen. Nikolaus, eine fiktive Figur, gewann ein klares optisches Profil, ikonografisch klar abgegrenzt von anderen Heiligen. Seine klassische idealtypische Darstellung gilt bis in unsere Tage.

Im Rahmen der Legendenbildung entwickeln sich auch – wissenschaftlich nicht belegte – biografische Angaben, die im Laufe der Zeit erweitert und ausgemalt wurden: Das Defizit an Ungewusstem schreit geradezu nach dem Ausfüllen dieser Lücke. Eine *Vita* des Nikolaus entwickelt sich in der ersten Hälfte des 9. Jahrhunderts und findet sich in einer Handschrift des 10. Jahrhunderts, die einem Archimandrit Michael zugeordnet wird. Dieser Michael glättet die bis dahin bekannt gewordenen biografischen Versionen zu einer ausführlichen Vita. Sein Text will den Gläubigen das Leben und Tun des Nikolaus vor Augen stellen, „den Gott jenen als Beistand in der Welt gewährt hat, die ihn vertrauensvoll anrufen". Die *Vita* des Michael gibt Patara, eine bedeutende Hafenstadt in Lykien, als Geburtsort für den Heiligen an. Seine Eltern seien wohlhabende Christen gewesen, die ihren Sohn sorgfältig erzogen hätten. Er sei ein Einzelkind gewesen, denn seine Mutter sei, wie die Gottesmutter Maria, vom Tag seiner Geburt an unfruchtbar gewesen, „dem Geist nach aber brachte sie viele Früchte, da sie mit christlichen Tugenden erfüllt und zusammen mit ihrem Gatten darauf bedacht war, ihre Gedanken an Gott zu richten, und sich seinen Anordnungen unterwarf". Schon das Verhalten des Säuglings verwies auf seine spätere Berufung, weil er an „allen Tagen der Woche an der Mutterbrust sich nährte, aber mittwochs und freitags entsprechend der Fastenordnung nur einmal am Tag in der dafür festgesetzten Stunde". Spätere Zeiten fügen noch das „Badewunder" hinzu: Schon unmittelbar nach seiner Geburt habe der Säugling in seiner Badewanne zwei Stunden stehen können. In wahrer Frömmigkeit sei der junge Nikolaus tugendhaft aufgewachsen. Er hielt sich aus dem öffentlichen und politischen Geschehen zurück und widerstand allen Liebschaften, was der Textautor geradezu lyrisch beschrieb: „... die Lampe der Jungfräulichkeit bewahrte er, ohne dass sie erlosch." Als seine Eltern früh starben, verfügte Nikolaus über ein großes Vermögen, das er großzügig an Bedürftige verschenkte. Die Jungfrauenlegende illustriert eben diese Charaktereigenschaft.

Bereits im Alter von 19 Jahren wurde Nikolaus durch das Eingreifen Gottes Bischof von Myra. Als die Bischöfe der Nachbarstädte zur Wahl eines neuen Bischofs in Myra zusammengekommen waren, konnten sie sich nicht einigen. Aufgrund einer göttlichen Eingebung schlug schließlich einer von ihnen vor, den Ersten, der am Morgen die Kirche betreten würde, festzuhalten und zum Bischof zu weihen. Dieser Mann werde Nikolaus heißen. Als Nikolaus am Morgen, von Gott zum Gebet in die Kirche befohlen, in der Kirche angetroffen wurde, wurde er von allen Bischöfen als künftiger Bischof akzeptiert.

Die *Vita* schildert Nikolaus als tüchtigen und rastlos tätigen Mann. Im Vordergrund seiner Tätigkeit stand sein Kampf gegen die heidnischen Tempel. Durch die Zerstörung der Tempel und ihrer Altäre habe er den Götzendienst hintertrieben. Vor allem dem Haupttempel der Göttin Artemis habe sein Kampf gegolten. Ihren Tempel habe er abgerissen, sogar die Grundsteine davon zerstört. So sei die Dämonin aus der Stadt vertrieben worden. Damit sei der Kampf aber noch nicht beendet gewesen, denn auch noch nach dem Tod von Nikolaus habe sich Artemis gewehrt. Eine ihrer Dämonen, verkleidet als alte Frau, habe Pilgern auf See Öl für die Kirche in Myra mitgegeben, das die Kirche niedergebrannt hätte, wenn nicht Nikolaus den Pilgern erschienen wäre und sie aufgefordert hätte, das Öl über Bord zu werfen. Zwar brannte danach das Meer, aber die Kirche in Myra war gerettet.

Spätere Nikolaus-Viten erweitern die Schilderungen zum erfundenen Leben des Heiligen. Das *Encomium Methodi* erzählt, Nikolaus sei bereits als Fünfjähriger zur Schule gegangen und habe, bevor er zum Bischof gewählt und geweiht wurde, die Lektor- und Priesterweihe erhalten. Die *Synaxarienvita*, um 900 entstanden, berichtet, Nikolaus habe während der Christenverfolgung unter Diokletian im Kerker gesessen und sei gefoltert worden. Unter Kaiser Konstantin sei er befreit worden. Er soll auch im Jahr 325 am Konzil von Nicäa teilgenommen und dort die Irrlehre des Arius (ca. 260–336 n. Chr.) bekämpft haben. Dies ist umstritten, was die Folgezeit aber nicht gehindert hat, Niklaus von Myra als Konzilsteilnehmer aufzuführen.

Zwischen 900 und 1000 vermischen sich die Legenden des Nikolaus von Myra immer öfter und mehr mit den Legenden des Nikolaus von Sion, des Bischofs von Pinara, nachweisbar in der um 1000 entstandenen *Vita compilata* des Symeon von Metaphrastes, eines Politikers und Historikers. Das Leben des Heiligen wird mit immer mehr Details angereichert: Die Namen der Eltern kommen auf, eine Pilgerreise nach Jerusalem wird geschildert und seine Rettung aus einem Sturm auf See – bis dahin Elemente aus den Legenden von Nikolaus von Sion. Es entsteht dadurch eine unverdächtige Sammlung von Legenden. Der hier geschilderte Nikolaus von Myra ist eine Kompilation aus den Legenden des Nikolaus von Myra und des Nikolaus von Sion, von dem wir wissen, dass er vermutlich 200 Jahre nach Nikolaus von Myra gelebt hat. In seinen Legenden kommen seine Eltern mit Namen vor, ein Badewannenwunder, seine frühe Weihe zum Lektor, seine Priesterweihe mit 19 Jahren, die Übernahme der Leitung des Klosters Sion in der Nähe von Myra, Pilgerreisen in das Heilige Land, die Rettung eines Schiffs aus einem Seesturm, die Wiedererweckung eines tödlich verunglückten Schiffsjungen und sein Kampf gegen Artemis und die Dämonen. Der Abt (= Archimandrit) Nikolaus von Sion wurde in der Mitte des 6. Jahrhunderts zum Bischof von Pinara bestellt, einer Kleinstadt in der Nähe von Patara. Dieser Nikolaus nahm 564 noch am Gedächtnistag des Nikolaus von Myra, dem 6. Dezember 564, am Rosalienfest in Myra teil, starb aber wenige Tage später am 10. Dezember im Kloster Sion. Hatten die Menschen einst der Göttin Artemis Rosen geopfert, so brachten nun Christen Rosen als Zeichen seiner guten Taten zum Grab des heiligen Nikolaus und begingen dort ein feierliches Mahl.

Die Nikolaus-Legenden wurden von dem Dominikaner Jacobus de Voragine (1228–1298) in seine *Legenda aurea* aufgenommen, die bekannteste und bei Weitem erfolgreichste Legendensammlung, die ab 1264 – immer wieder ergänzt – in lateinischer Sprache erschien und bis in das 19. Jahrhundert die Schatztruhe der Heiligenverehrung war. Ikonografie, Literatur und Kunst bezogen von hier ihre Bilder.

Nikolaus von Myra lebte in einer Zeit des Umbruchs. Zu seinen Lebzeiten wurde das Christentum als Religion zugelassen, Christen waren nicht mehr zugleich todeswürdige Hochverräter. Damit war auch die Zeit der Märtyrer vorbei. Von nun an wurde man im Normalfall nicht mehr nur durch seinen Tod für Christus heilig. Es kam ein neuer Heiligentypus auf, der Bekenner. Er hat sein gesamtes Leben seinen Glauben vorbildlich gelebt, ein „unblutiges Martyrium" vollbracht. Nikolaus in der Ostkirche und Martin von Tours in der Westkirche sind die Frontmänner dieses neuen Heiligentyps.

Wann Nikolaus von Myra gestorben ist, wissen wir historisch exakt nicht. Der von einigen als Todestag angenommene 6. Dezember hat immer und überall als sein Gedächtnistag gegolten. Begraben wurde Nikolaus in Myra, und mit ziemlicher Sicherheit haben seine Gebeine in einem Grab geruht, das sich außerhalb der Stadt befand und 529 durch ein Erdbeben beschädigt wurde. Im 6. Jahrhundert wurde über dem Grab eine dreischiffige Basilika errichtet, die im 8. Jahrhundert nach einer Zerstörung erneuert werden musste. Dieser Kirchenbau wurde 1034 durch arabische Soldaten beschädigt, aber 1043 durch Kaiser Konstantin IX. restauriert. Wo sich das Grab des Nikolaus befand, ist aber nicht bekannt. Es könnte sich in einer unterirdischen Grabkammer befunden haben. Ebenso ist es denkbar, dass Nikolaus in einem der in der Kirche stehenden Sarkophage bestattet war. Ein konkreter Sarkophag kann nicht eindeutig benannt werden, weil keiner der heute vorhandenen Sarkophage namentlich gekennzeichnet ist. Gefunden wurden Fragmente eines Sargdeckels, die durchbohrt waren. Das könnte ein Hinweis auf den Brauch sein, Duftöl in ein

Heiligengrab zu gießen, das dann mithilfe eines Schwamms oder durch eine tiefer gelegene Graböffnung wieder entnommen werden konnte und als heilkräftig und wunderwirkend galt. *Oleum sancti Nicolai* oder „Nikolaus-Manna" wurde diese begehrte Substanz genannt, die in Myra ebenso gewonnen wurde wie später in Bari. Die Flüssigkeit wird auch mehrdeutig „Myron" genannt. Es verweist so auf die Stadt Myra und auf Salböl, das griechisch *mýron* heißt.

„Als aber unser Herr seinen Heiligen von dieser Welt zu sich in die ewige Freude wollte nehmen, da bat ihn Nicolaus, dass er ihm seine Engel sende. Und mit gebeugtem Haupt sah er die Engel Gottes zu sich schweben, und fing an und betete den Psalm ‚In te domine speravi' bis zu den Worten ‚in manus tuas', das spricht ‚Herr, in deine Hände befehle ich meinen Geist'. Damit schied Sanct Nicolaus von dieser Welt im Jahre des Herrn 343; und ward ein süßer himmlischer Gesang vernommen. Er ward begraben in einem Grab von Marmelstein: Da entsprang zu seinen Häupten ein Brunnen mit Öl und zu seinen Füßen ein Wasserquell; und noch heutigen Tages rinnt heiliges Öl von seinen Gebeinen, das ist gesund wider alles Siechtum. – Nach Sanct Nicolaus ward ein frommer Mann Bischof in seiner Stadt, der ward von Neidern vertrieben: Da stund das Öl und floss nimmer; als er aber wieder zu der Stadt gerufen ward, da floss das Öl als wie zuvor. Darnach über lange Zeit ward Myra von den Türken zerstört. Es kamen aber siebenundvierzig Ritter von der Stadt Bari, denen zeigten vier Mönche das Grab des Heiligen; und wie sie es auftaten, sahen sie sein Gebein in Öl schweben. Sie nahmen es und brachten es in die Stadt Bari mit großen Ehren nach Christi Geburt im Jahre 1087." – Das berichtet Jacobus de Voragine in der *Legenda aurea.*

Als der byzantinische Kaiser Romanos IV. Diogenes den Türken 1071 in einer Schlacht unterlag, begann die türkische Besiedlung Anatoliens. 1087 war Myra von den Christen verlassen, die in die Berge geflohen waren. Und in der Tat haben Kaufleute aus Bari die Reliquien des hl. Nikolaus von Myra an sich genommen und nach Bari gebracht. Sie waren eben etwas schneller als ihre Konkurrenten aus Venedig, die mit der gleichen Absicht nach Kleinasien gekommen waren.

Haben die Bareser den toten Heiligen für die Christenheit gerettet oder geraubt? *Sancta rapina* – heiliger Reliquienraub oder doch ein Frevel? Altertum und Mittelalter sahen das anders, als wir es heute sehen: Der Erwerb von Reliquien – auch auf unrechte Weise – wurde durch das Ergebnis als gerechtfertigt angesehen. Die Tat wurde nicht bestraft, denn die Reliquien bestimmten ihren Aufenthaltsort selbst. Und einen kleinen Trost gab es auch für die Venezier: Sie nahmen sich der Knochen an, die die Bareser zurückgelassen hatten.

Am 8. Mai 1087 kam das Schiff mit den Nikolaus-Reliquien in Bari an, am 9. Mai wurden die Reliquien feierlich empfangen und zum ersten Mal öffentlich verehrt. Bis in die Gegenwart wird eine Nikolaus-Statue am 8. Mai auf einem Schiff in Bari angelandet und in einer feierlichen Prozession durch den Ort geführt. Am Abend wird die Statue zur Piazza del Ferrarese gebracht, wo anderntags ein feierlicher Gottesdienst gefeiert wird. Am 10. Mai wird die Nikolaus-Statue in die Nikolaus-Basilika gebracht, wo sie bis zum 17. Mai zur Verehrung aufgestellt bleibt. Der 9. Mai, auch „Sommer-Nikolaus“ genannt, war bis 1969 ein Fest im weltweiten kirchlichen Kalender. Der orthodoxe Festkalender feiert diesen Tag am 22. Mai (nach dem Julianischen Kalender der entsprechende Tag für den 9. Mai) als „Fest der Translation des heiligen Nikolaus von Myra nach Bari“. Der „Winter-Nikolaus“ war der normale Gedenktag am 6. Dezember. Der Gedenktag am 6. Dezember ist aber nicht der Nikolausabend; so heißt der 5. Dezember. Da ein Tag liturgisch nicht um Mitternacht beginnt, sondern mit dem Sonnenuntergang des Vortages, gehört der Vorabend eines Festtages schon zum Fest. Fast alles Brauchtum koppelt am Vorabend eines Festes an.

Die Nikolaus-Basilika in Bari wurde von 1087 bis 1117 auf einem Gelände gebaut, auf dem zuvor ein Palast des byzantinischen

Statthalters gestanden hatte. Die dreischiffige Basilika birgt unter dem Querhaus die Krypta mit den Gebeinen des Heiligen. Links und rechts vom Eingangsportal der Kirche wird jeweils plastisch ein Ochse gezeigt. Der Tradition nach sind die zwei Ochsen, die den Karren mit den Reliquien in den Ort gebracht haben, an dieser Stelle stur stehen geblieben. Verstanden wurde dies als ein Gottesurteil, wonach der Heilige sich genau diese Stelle als neuen Wohnsitz ausgesucht hatte.

Nicht alle waren und sind mit diesem neuen Wohnsitz des Nikolaus glücklich. Die Türken bezeichnen Nikolaus als einen der Ihren und verlangen, die Reliquien des Heiligen ausgehändigt zu bekommen. Er gehöre schließlich nach Myra. Sie haben dem Nikolaus vor der Nikolaus-Kirche in Myra auch ein Denkmal gebaut, das den Heiligen in der Gestalt des Weihnachtsmanns darstellt.

Möglicherweise werden die türkischen Forderungen aber bald fallen gelassen, denn türkische Archäologen glauben seit 2017, unter der Nikolaus-Kirche in Myra das wirkliche Grab des heiligen Nikolaus – bald – zu finden. Diese Hoffnung hat den Wunsch der Türken zum Hintergrund, der Strom der Touristen und Pilger nach Myra, der unter Erdogan rapide abgenommen hat, möge wieder anschwellen.

Im Rahmen von Renovierungsarbeiten an der Bareser Basilika San Nicola in den 50er-Jahren wurde 1953 das Grab geöffnet. Es wurde eine Bestandsaufnahme der Gebeine gemacht und eine forensische Untersuchung durch Luigi Martino durchgeführt. Festgestellt wurde, dass es sich um Knochen eines 72 bis 80 Jahre alten Mannes aus dem 4./5. Jahrhundert handelt, der 167 cm groß war. Der Verstorbene hatte unter schwerer chronischer Arthritis an der Wirbelsäule und am Becken gelitten. Zudem zeigte sich am Schädelknochen eine Verdickung, die möglicherweise chronische Kopfschmerzen verursacht hatte. Als Jahre später der Pathologe Franco Introna Fotos und Skizzen mithilfe von modernen wissenschaftlichen Methoden untersuchen konnte, bemerkte er, dass das Skelett nicht vollständig ist, aber der Schädel – bis auf eine Lücke am linken Unterkiefer – intakt geblieben ist. Die

Anthropologin Caroline Wilkinson unternahm dann den Versuch, das Gesicht des Nikolaus mithilfe eines modernen Gesichtsrekonstruktionsprogramms zu rekonstruieren. Festgestellt wurde dabei eine Asymmetrie der Nase, was auf einen Nasenbeinbruch verweist.

1992 durfte Luigi Martino, der in Bari die Knochen von Nikolaus untersucht hatte, auch in Venedig die Nikolaus-Reliquien in San Nicolò untersuchen. Er kam zu dem Schluss, dass die Knochen in Venedig und in Bari zur gleichen Person gehören. Die Bareser hatten in Myra in so großer Eile das Grab des Nikolaus ausgeräumt, dass die Venezianer sich auch noch bedienen konnten.

Für den Raum nördlich der Alpen nimmt man an, dass die Nikolaus-Verehrung hier schon vor dem 9. Jahrhundert belegbar ist, ein „Nikolaus-Boom" aber erst durch die byzantinische Prinzessin Theophanu (959/960–991) initiiert wurde, die 972 in das ottonische Kaiserhaus einheiratete und Gemahlin Kaiser Ottos II. (973–983) sowie Mutter Ottos III. (983–1002) war. Durch sie wurde Nikolaus zum „Hausheiligen" der Ottonen und Patron fast aller von den Ottonen gebauten Kirchen und Klöster.

Reliquien des heiligen Nikolaus gibt es außerhalb von Myra übrigens nämlich nicht erst nach 1087. Kaiserin Theophanu brachte 972 Nikolaus-Reliquien aus Griechenland mit nach Deutschland. 980 schenkte sie einige davon dem Dom zu Worms. 1689 gingen diese beim Stadt- und Dombrand verloren. 1986 schenkte der Bischof von Bari dem Wormser Dom erneut eine Grabreliquie, für die 1990 ein Reliquiar entstand, das heute in der Nikolaus-Kapelle des Wormser Doms steht. Nikolaus wurde quasi zum Hausheiligen der Ottonen. In Brauweiler entstand das Nikolaus-Kloster, in der Abtei Aachen-Burtscheid stand einer der ersten Nikolaus-Altäre.

Noch zu Lebzeiten Theophanus kam es in Deutschland zu fünf Patrozinien des hl. Nikolaus: In Kempten wurde ihm 973 eine Kapelle geweiht, in Halberstadt 974 eine Kirche, weitere 984 in Meißen, 987 in Weende bei Göttingen und 990 in Lipbach. Aus dieser Zeit stammt auch das erste in Deutschland verfasste Officium zu Ehren des hl. Nikolaus, verfasst von Bischof Reginold von Eichstätt (966–991). Aus Dank für die glückliche Geburt ihres Sohnes Otto (III.) im Jahr 980 ließ Theophanu neben ihrer Lieblingspfalz in Nimwegen eine nach byzantinischem Vorbild achteckige Kapelle errichten, die sie dem heiligen Bischof von Myra weihte. Auch St. Pantaleon in Köln, wo die Gebeine der Kaiserin heute ruhen, ist im Besitz von Nikolaus-Reliquien, die mit großer Wahrscheinlichkeit von der Kaiserin gestiftet wurden.

Die Nikolaus-Forschung geht davon aus, dass der Nikolaus-Kult im Westen schon im 7./8. Jahrhundert fest etabliert war. Als Beweise für die Annahme gelten bislang die Übernahme der Stratelatenlegende in einen Reichenauer Codex vor 842 und die Erwähnung des heiligen Nikolaus in einem zwischen 755 und 770 erstellten Reliquienverzeichnis in der römischen Kirche Sant' Angelo in Pescheria. In die bekannten Nikolaus-Abhandlungen nicht aufgenommen ist ein besonders eindrucksvoller älterer Beleg: Liudger, der Gründerbischof des Bistums Münster, wurde 784 durch einen Aufstand der Friesen vertrieben und pilgerte nach Rom, von wo aus er nach Montecassino weiterzog und dort zweieinhalb Jahre im Konvent lebte. Der Benediktinerorden scheint Nikolaus als einen der „Mönchsväter" besonders gefördert zu haben: Das Kloster Fulda besitzt 818 die ersten Nikolaus-Reliquien in Deutschland, die Abtei Kempten im Allgäu weiht 973 die erste Nikolaus-Kapelle. Auch in Bari werden 1087 die Benediktiner mit der Obhut der Nikolaus-Reliquien beauftragt. Liudger muss in Italien, wahrscheinlich bei den Benediktinern, mit der Nikolaus-Verehrung bekannt gemacht worden sein. Als ihm 792 König Karl die Sachsenmission übertrug, gab er seiner bedeutsamen Eigengründung Billerbeck, errichtet noch vor dem Jahr 800, das Nikolaus-Patrozinium. In Billerbeck wird also schon im 8. Jahrhundert die erste nördlich der Alpen gelegene Kultstätte des Nikolaus begründet.

Otto III. (980–1002) führte die Tradition der Nikolaus-Verehrung fort. Er beauftragte 997 den kalabresischen Benediktinermönch Gregor von Cerchiara mit der Gründung der Abtei Burtscheid in der Nähe der Stadt Aachen. Die Klosterkirche war dem hl. Johannes dem Täufer und dem hl. Nikolaus geweiht; die Klosterchronik begründet das Nikolaus-Patrozinium ausdrücklich damit, dass der Kaiser „mütterlicherseits Grieche“ war. Zum kostbarsten Schatz der Abtei wurde die sogenannte „Burtscheider Ikone“, die als die älteste bekannte (griechische) Nikolaus-Darstellung in Westeuropa gilt. Sie ist ein byzantinisches Mikro-Mosaik aus dem 10. Jahrhundert, das der Überlieferung nach aus dem Brautschatz der Theophanu stammte. Caesarius von Heisterbach (1180–1240), ein schriftstellerisch tätiger Zisterziensermönch, behauptete dagegen, die Ikone sei noch zu Lebzeiten des Heiligen entstanden. Abt Gregor, ein griechischer Königssohn, habe das Bild nach Burtscheid gebracht.

Die Abtei Brauweiler in der Nähe von Köln war ein weiteres Kloster, das die ottonische Nikolaus-Verehrung zum Hintergrund hat. Dieses Zentrum der Nikolaus-Verehrung im Rheinland entstand auf dem Gelände eines Hofguts, auf dem Theophanus Tochter Mathilde um 992 den Pfalzgrafen Ezzo-Ehrenfried geheiratet hatte. Das Paar erhielt 1024 auf einer Wallfahrt nach Rom die Erlaubnis zur Klostergründung vom Papst persönlich. Die Abteikirche wurde drei Jahre nach Mathildes Tod 1028 dem hl. Nikolaus geweiht. Die Reliquien stammen sehr wahrscheinlich aus dem Nachlass Theophanus. Jedenfalls wurde Brauweiler bald zum Zentrum der Nikolaus-Verehrung im Westen und zum Ziel zahlreicher Wallfahrten. Das *Chronicon Brunwyltense* überliefert, dass sogar der berühmte Kreuzzugsprediger und Zisterzienserabt Bernhard von Clairvaux eigens 1147 nach Brauweiler pilgerte, um „mit höchster Andacht und vollem Herzen“ vor dem Hochaltar zum hl. Nikolaus zu beten und danach die offenbar beachtlichen Reliquien „mit Ehrfurcht“ zu betrachten. Caesarius von Heisterbach berichtet von einem Zahn des heiligen Nikolaus, der in einer gläsernen Schaumonstranz von den Mönchen auch in benachbarte Ortschaften getragen wurde. Eine andere prominente Nikolaus-Reliquie, die in Brauweiler verehrt wurde, war ein Finger des Heiligen, der in einem kristallenen Behälter aufbewahrt wurde und einmal, als frevelhafte Mönche ihn zum Almosensammeln mitnahmen, angeblich zu bluten begann. So zahlreich waren die Wunder, die den Nikolaus-Reliquien zugeschrieben wurden, dass Brauweiler bald zu einer der reichsten und berühmtesten Abteien des Erzbistums Köln wurde.

Eine überlebensgroße Plastik des Nikolaus, das Brauweiler Kultbild, fand sich deshalb, meist aus Lindenholz geschnitzt, in zahlreichen Kirchen des 12. Jahrhunderts wieder. In Zusammenhang mit der ottonischen Nikolaus-Verehrung kann man auch die fünf Kirchen, Kapellen und Altäre im Erzbistum Köln sehen, die der Kölner Erzbischof Anno II. zwischen 1056 und 1075 dem Bischof von Myra weihte. Der Nikolaustag, der 6. Dezember, wurde seit dem 12. Jahrhundert mit einer eigenen Messliturgie begangen und im 13. Jahrhundert zum einheitlichen Feiertag im Kölner Erzbistum erklärt. Durch Theophanu und ihre Nachfolger war Köln das Zentrum des frühen deutschen Nikolaus-Kults geworden. Bereits 200 Jahre nach dem Tod Theophanus 991 war der Nikolaus-Kult in Deutschland fest installiert.

Billerbeck kann so lange für sich in Anspruch nehmen, die älteste Nikolaus-Kirche vor 800 besessen zu haben (sie wurde bereits um 1074 durch einen Nachfolgebau ersetzt), so lange für die römische Kirche San Nicola in Carcere keine ältere Entstehung nachgewiesen werden kann.

Und wer ist nun der heilige Nikolaus? Zum einen natürlich der historische griechische Bischof Nikolaos, aus dem im Westen der heilige Nikolaus wurde. Es ist aber auch der Nikolaus der Legende, eine Kompilation aus dem Nikolaus von Myra und dem Nikolaus von Sion. Wie zu zeigen sein wird, ist es aber auch der Nikolaus der Volksreligiosität, der Nikolaus des Brauchtums. Von ihm wieder spaltet sich eine säkularisierte Figur ab, zunächst noch Santa Claus oder Saint, später aber Father Christmas oder Weihnachtsmann genannt. Die wiederum kann in einzelnen Regionen eigene Formen entwickeln, wie z. B. das Väterchen Frost in Russland.

Myra – Rom – Bari – Saint-Nicolas-de-Port und deutsche Nikolaus-Orte

Die Entwicklung der Verehrung eines Heiligen in Kult und Brauchtum kann man nicht nur chronologisch, sondern auch territorial verfolgen: Von wo nach wo entwickelt sich der Brauch, wann werden Gedenktage obligatorisch, wann tauchen wo Reliquien auf, wann werden wo welche Legenden erzählt?

Am Anfang steht Myra, eine antike Stadt, gelegen im Zentrum der heutigen Stadt Demre in der Provinz Antalya in der Türkei. In der Antike wurde dieses Gebiet Kleinasiens als Provinz Lykien bezeichnet. Kale (türk.: Festung) war zwischenzeitlich einmal ein Name für Myra.

Der Name Myra für diese Stadt und einen gleichnamigen Fluss ist nicht geklärt. Vermutet wird ein Zusammenhang mit dem griechischen Wort *mýron* = duftendes Öl. Es wird in der Ostkirche, wie *Chrisam*, sein Analogon in der Westkirche, als Salböl vor allem bei der Sakramentenspendung verwendet. Es besteht aus mit duftenden Spezereien angereichertem Olivenöl. Myron und Chrisam werden nur von den Bischöfen, meist am Gründonnerstag, feierlich in der Kathedrale geweiht.

Im Altertum hatte Myra schon eine gewisse Bedeutung. Zur Zeit des Hellenismus (336–30 v. Chr.) war Myra eine der sechs größten Städte des Lykischen Bundes. Zur Zeit des Kaisers Theodosius II. (408–450 n. Chr.) wurde Myra zur Verwaltungshauptstadt und zum kirchlichen Zentrum der Provinz. Nicht unbedeutend war der zu Myra gehörige Hafen Andriake, der in römischer Zeit ausgebaut und zu einem Knotenpunkt der Getreideversorgung von Ägypten nach Rom wurde, was sich in den Nikolaus-Legenden widerspiegelt (vgl. „Die wunderbare Kornvermehrung"). Hier steht heute noch ein Granarium, ein antiker Getreidespeicher, der bis zu 6000 Kubikmeter Getreide fasst. Nicht weit davon zeugt ein ausgedehnter Abfallhügel davon, dass hier in antiker Zeit Purpur gewonnen und exportiert wurde, zu damaliger Zeit außergewöhnlich kostbar und deshalb ein wichtiger Wirtschaftsfaktor.

Nicht weit entfernt liegt Sura, wo einst das Apollo-Orakel (ca. 4. Jh. v. Chr.) beheimatet war. Die Weissagungen erfolgten bei der

Akropolis. Die Menschen hielten Stöcke mit aufgespießtem Fleisch in ein Fischbecken. Ob das Fleisch von den Fischen angebisssen wurde und wenn ja, wie, lieferte Aussagen über die Zukunft.

Für Myra aber bedeutender war die Verehrung der Artemis Eleuthera (Kybele), die der Legende nach in der Stadt ein Kultzentrum besaß. Artemis und ihr Zwillingsbruder Apollon waren Kinder des Zeus, die dieser mit seiner Geliebten Leto gezeugt hatte. Beide, Artemis und Apollon, gehörten zu den zwölf olympischen Göttern und waren zentrale Gestalten des griechischen Götterhimmels. Artemis war zuständig für die Jagd (bei den Römern wurde aus ihr Diana), den Wald und den Mond; sie war Hüterin der Frauen und der Kinder. Ihr Heiligtum in Myra wurde 141

MYRA
NIKOLAUS-KIRCHE

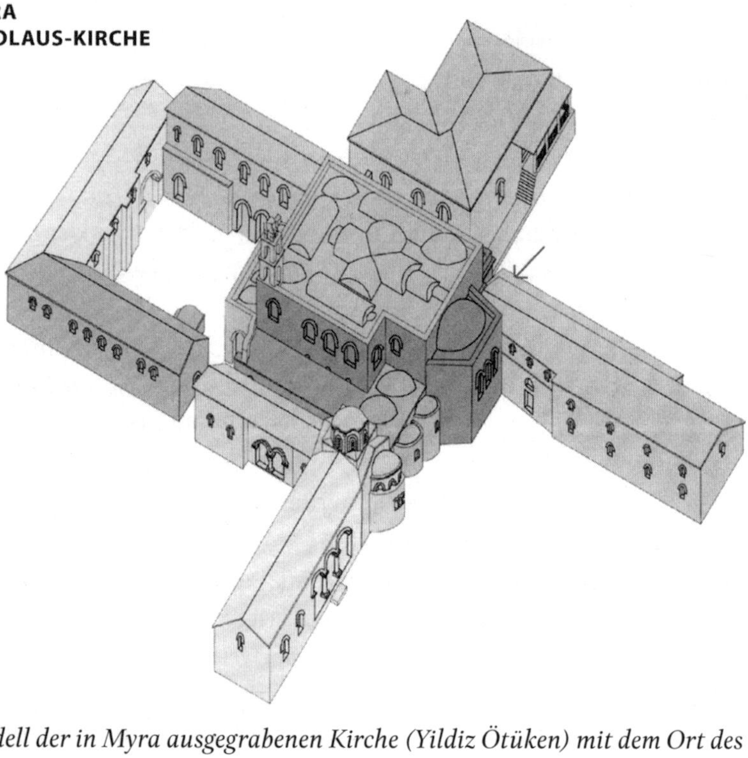

Modell der in Myra ausgegrabenen Kirche (Yildiz Ötüken) mit dem Ort des vermuteten Nikolaus-Grabes (Pfeil)

n. Chr. bei einem Erdbeben zerstört. Eine Inschrift des Opramoas von Rhodiapolis, der den Wiederaufbau des Tempels sponserte, nannte diesen Tempel den größten und prächtigsten von ganz Lykien. Bestätigt wird dies durch eine im 6. Jahrhundert entstandene Legende, die berichtet, Nikolaus habe eigenhändig diesen Tempel abgerissen. Als dämonische Gestalt erscheint die Göttin in den Nikolaus-Legenden (vgl. „Die Vernichtung des Öls der Diana").

Erhalten sind in Myra antike Felsengräber, die lykischen Wohnhäusern nachempfunden sind. Eine weitere Sehenswürdigkeit ist das antike Amphitheater, das 12.000 Menschen Platz bot.

Myra wird sogar in der Heiligen Schrift erwähnt. Als der verhaftete Apostel Paulus nach Rom transportiert wird, wechseln seine Bewacher mit ihm in Myra das Schiff (Apostelgeschichte 27,5f.).

Nachdem Myra 809 von arabischen Truppen des Harun ar-Raschid erobert und geplündert worden war, verlor die Stadt an Bedeutung, weil die wirtschaftlichen Grundlagen entfielen. Kaiser Konstantin IX. Monomachos (1000–1055) erneuerte dennoch die Kirche. Wenig später besetzten sie die islamischen Seldschuken. Bareser Kaufleute entwendeten die Reliquien des Nikolaus. Der Nikolaus-Kult verlagerte sich nun von Myra nach Bari. Der Hafen Andriake versandete, und die Stadt wurde zunehmend unter dem Schlamm des Flusses Myron, der später Demre genannt wurde, begraben.

1863 ließ der russische Zar erstmals in Demre nach Myra graben. Freigelegt wurden die Ruinen der Nikolaus-Kirche. Zar Alexander II. kaufte die Ruine und ließ sie teilweise wiederherstellen. Wissenschaftliche Archäologie kam erst ab 1965 und in den 90er-Jahren des 20. Jahrhunderts zum Einsatz: Jürgen Borchhardt Freiherr von Bernewitz, ab 1982 Professor für Archäologie an der Universität Wien, grub im Auftrag der Deutschen Forschungsgemeinschaft (DFG). Die ausgegrabene Kirche stammt aus dem 6. Jahrhundert und wurde im 8. Jahrhundert auf drei Schiffe erweitert. Zu Beginn des 11. Jahrhunderts wurde die Kirche restauriert und ein Kloster angegliedert. Erhalten sind byzantinische

Fresken an Wänden und Decke. In der Kirche stehen römische Sarkophage, die in christlicher Zeit wiederverwendet wurden (Spolien). Zum Ende des 11. Jahrhunderts übernahmen Muslime die Herrschaft in Kleinasien. Pilger blieben aus, das an die Kirche angebaute Kloster wurde aufgelöst. In der ausgegrabenen Kirche befindet sich ein aufgebrochener Sarkophag an exponierter Stelle, der als Grab des hl. Nikolaus gilt und aus dem die Gebeine des Heiligen entnommen worden sein sollen. Das Museum in Antalya weist einige Knochenreste als die von Nikolaus aus.

Die Legende berichtet, Nikolaus sei Bischof in Myra gewesen. Es ist deshalb davon auszugehen, dass mit großer Sicherheit im 4. Jahrhundert eine Kirche in Myra existiert hat. Ob sie an der gleichen Stelle wie die jetzt ausgegrabene Kirche gestanden hat, ist noch ungeklärt.

Seit den 90er-Jahren des vergangenen Jahrhunderts finden türkische Grabungen an der Kirche in Myra statt. Gelegentlich kursieren Aufsehen erregende Meldungen in der Presse, wonach z. B. unterhalb der ausgegrabenen Kirche mithilfe von Radargeräten und CT-Scannern ein Sakralbau entdeckt worden sei. Hier vermutet der Grabungsleiter Cemil Karabayram, „vielleicht die unbeschädigte Leiche des heiligen Nikolaus" zu finden (Focus, 6. 10. 2017). Türkische Experten behaupten, die Reliquienräuber aus Bari hätten 1087 die falschen Reliquien geraubt. Die alte Nikolaus-Kirche sei 529 bei einem Erdbeben eingestürzt, eine neue Kirche über den Trümmern gebaut worden. Das echte Grab sei in der im 6. Jahrhundert zerstörten Kirche zu finden. Dennoch zeigt das Archäologische Museum Antalya einige Knochen des Nikolaus, die 1920 zufällig in einer Schachtel gefunden wurden. Diese Knochen, so heißt es, hätten die Bareser auf ihrer Heimreise nach Bari verloren. Zudem erhebt die türkische Nikolaus-Stiftung seit Langem die Forderung nach der Rückgabe der Nikolaus-Reliquien in Bari.

Die Katholische Kirche hat die Erinnerung an Myra durch die Geschichte wachgehalten. Nicht einmal das Schisma von 1054, das die Ost- und die Westkirche trennte, hat daran etwas geändert.

Myra wird als Titularerzbistum geführt, d. h. Bischöfe, die keine eigene Diözese leiten – Weihbischöfe in den Diözesen und Bischöfe der römischen Kurie –, können auf den Titel des Erzbistums Myra geweiht werden. Der letzte in dieser Tradition Geweihte war Edigio Vagnozzi, seit 1967 Kardinal, der vom 14. März 1949 bis zum 26. Juni 1967 diesen Titel geführt hat. Er hat dem Heiligen Stuhl im Diplomatischen Dienst u. a. als Apostolischer Nuntius gedient und war von 1968 bis 1980 Präfekt für die ökonomischen Angelegenheiten des Heiligen Stuhls sowie von 1979 bis 1980 Kämmerer des Kardinalskollegiums.

Rom

Als die Nikolaus-Legenden das durch Griechen besiedelte südliche Italien erreichten, fanden sie Gehör unter den Menschen, aber ehe sie in Bari ein Kultzentrum hervorriefen, wirkten sie in Rom.

Die wahrscheinlich älteste erhaltene Darstellung des heiligen Nikolaus im Westen findet sich unter den Fresken der Kirche S. Maria Antiqua auf dem Forum Romanum. Links von Christus, zwischen Athanasius und Erasmus, steht an zweiter Stelle der als *hagios Nikolaos* bezeichnete Heilige, dargestellt in einer römischen Dalmatik und dem Omophorion, einem bischöflichen Hoheitszeichen der griechischen Kirche, dem westlichen Pallium vergleichbar. Die Fresken datiert man zwischen 750 und 850. Dass Nikolaus auf diesen Fresken keine singuläre Erscheinung ist, wird durch ein anderes Faktum belegt: Um diese Zeit amtiert in Rom der erste von fünf Päpsten (und zusätzlich gibt es noch einen Gegenpapst), die den Namen Nikolaus angenommen haben: Papst Nikolaus I. (858–867). Die übrigen waren Nikolaus II. (1058–1061), Nikolaus III. (1277–1280), Nikolaus IV. (1288–1292), Nikolaus V. (1447–1455) und Gegenpapst Nikolaus V. (1328–1330). Die Wahl des Heiligennamens zum Papstnamen darf als ein Zeichen für die breite Akzeptanz der Nikolaus-Verehrung verstanden werden. Der erste Papst Nikolaus belegt die Akzeptanz des Nikolaus-Kultes im 8./9. Jahrhundert in Rom und in der Gesamtkirche.

Ein russischer Zar mit dem Namen Nikolaus I. amtierte erst 1796 bis 1855. Im Bereich der Orthodoxie war der Name des hl. Nikolaus aber im 8. und 9. Jahrhundert schon lange präsent, wie Nikolaos I. Mystikos, Patriarch von Konstantinopel (852–925), oder der heilige Nikolaos, Abt des Studiosklosters in Konstantinopel (ca. 793–868), belegen.

Ob die römische Nikolaus-Kirche – San Nicola in Carcere – ebenfalls aus dem 8. oder dem 9. Jahrhundert stammt, ist noch ungeklärt. Durch eine Inschrift wird das Jahr 1088 belegt, aber es gibt auch Hinweise, die ein um bis zu drei oder vier Jahrhunderte älteres Datum als nicht unwahrscheinlich erscheinen lassen. Die Gemeinde Sankt Nikolaus besaß das päpstliche Privileg, jedes Jahr zum Nikolausabend um die Freilassung eines Gefangenen zu bitten. Die Stratelatenlegende liefert dazu die Vorlage.

San Nicola in Carcere ist in Rom aus einem heidnischen Tempel entstanden, der zuerst zu einem Gefängnis und dann zu einer Kirche umgebaut wurde. Die Tempelsäulen sind in der Außenwand deutlich zu erkennen.

Schon im 8./9. Jahrhundert begann sich das von Griechen besiedelte Süditalien als besondere Region der Nikolaus-Verehrung auszubilden. Hier entstanden die frühen Nikolaus-Hymnen, Apulien wird zu einem Zentrum des Nikolaus-Kultes; in Bari werden gleich mehrere Kirchen zu Ehren des Heiligen errichtet. Gründe für diese starke Akzeptanz des Nikolaus-Kultes sind sicherlich nicht nur die gemeinsame Anrainerschaft am Mittelmeer und das Schifferpatronat des Heiligen. Mit großer Wahrscheinlichkeit dürfte auch die Griechenland-Verbundenheit dieser Kultur eine Rolle gespielt haben, die dadurch, dass zu dieser Zeit Kleinasien von den „Ungläubigen", muslimischen Eroberern, überrollt wurde, noch gesteigert wurde. Nicht ohne diesen Hintergrund reifte auch gerade hier der Plan, die Gebeine des Heiligen in Myra zu erheben und nach Bari zu verbringen.

Bari

Die Idee, die Gebeine des übermächtigen Schutzheiligen vor den „Ungläubigen" zu „retten", wurzelte letztlich in theologischem Denken. Die seit dem 3. Jahrhundert als Reaktion auf die gnostische Akzentuierung der „Ungeistigkeit" alles Leiblichen entstandene Reliquienverehrung ging von der antignostischen Betonung der Annäherung von himmlischem und irdischem Leib aus: Die ursprünglichere Auffassung, dass der sinnlich fassbare irdische Leib und der übersinnlich himmlische Leib des Menschen nach dem Tod nichts miteinander zu tun haben, wurde wieder zurückgeführt auf eine Identität von irdischem und himmlischem Leib. Wenn aber, so schloss der mittelalterliche Mensch daraus, sich ein Verstorbener als Heiliger erwiesen hat, so war seine Heiligkeit in seinen sterblichen Überresten real präsent; spätestens bei der Auferstehung würden die Gebeine von den Heiligen wieder in Gebrauch genommen werden. Bis dahin konnten die Reliquien den Christen dienen: Ihre Aura durchdrang alles Tote und Lebendige.

Nicht nur die Altartische wurden deshalb über Heiligengräbern errichtet oder wenigstens Heiligenreliquien in sie implantiert, man ließ sich in unmittelbarer Nähe von Heiligen beerdigen, Gegenstände in der Nähe heiliger Reliquien wurden zu Berührungsreliquien (vgl. z. B. das Pallium). Von diesem Denken ausgehend, entwickelte sich nicht nur die Reliquienverehrung. Solches Denken muss auch für die Menschen in Bari und in Venedig den Ausschlag gegeben haben, die Reliquien eines so übermächtigen und unvergleichlichen Heiligen zu retten und zu erhalten.

1071 hatten die Muslime den Byzantinern eine schwere Niederlage zugefügt, waren in Kleinasien eingedrungen und zogen plündernd durch Lykien. Die Bevölkerung von Myra war in das Gebirge geflüchtet. Kaufleuten von Bari gelang es 1087, sich in Myra der Reliquien des heiligen Nikolaus zu bemächtigen und diese am 8. Mai 1087 nach Hause zu bringen. Am 9. Mai 1087 verehrten die Bareser zum ersten Mal die heiligen Gebeine. Bis auf den heutigen Tag wird deshalb in Bari der Translation der Reliquien des heiligen Nikolaus am 9. Mai gedacht; bis 1969 hatte dieses Fest, oft Sommernikolaus genannt, in der Weltkirche Geltung.

Aus heutigem Blickwinkel und unter Nichtbeachtung zeitgebundener Denkweisen erscheinen sowohl die Reliquienbegehrlichkeit der Bareser als auch das „laute Schweigen" der Ostkirche nach dem Raub absonderlich. Hat das eine, wie zuvor hergeleitet, etwas mit dem Glauben an die Realpräsenz des Heiligen in seinen Gebeinen zu tun, so kann das Schweigen der Ostkirche zum Reliquienraub zweifach erklärt werden: Zum einen schätzt die Ostkirche bis heute Reliquien gering. Nach orthodoxer Auffassung ist das Bild eines Heiligen, die Ikone, Teil des Verklärten. Dem Osten ist die Ikone eines Heiligen so wertvoll wie dem Westen seine Reliquien. Im Übrigen dürften der myrensischen Bevölkerung nach dem Reliquienraub der Erhalt des eigenen Lebens angesichts der fundamentalen Bedrohung durch die feindlichen Eindringlinge wichtiger gewesen sein als die – vermutlich vergebliche – Bemühung um Rückerstattung geraubter Knochen.

Bari jedenfalls triumphierte und begann noch 1087 mit dem Bau einer neuen Kirche für die Gebeine des Heiligen; schon zwei Jahre später, am 1. Oktober 1089, weihte Papst Urban II. (1088–1099) in eigener Person den Altar des Heiligen in seiner neuen Grabeskirche. Die überragende Bedeutung dieser Reliquien in der abendländischen Kirche zeigte sich in zwei besonderen Vorgängen. 1098 berief Papst Urban II. ein allgemeines Konzil nach Bari ein, das in der Krypta der Grabeskirche tagte, um dem Heiligen nahe zu sein. Nur wenige Jahre später, 1105, entzog Papst Paschalis II. (1099–1118) die Nikolaus-Kirche in Bari der Zuständigkeit des Bischofs von Bari; er unterstellte die Grabeskirche des Heiligen direkt dem Heiligen Stuhl.

Die Venezianer, die bereits 250 Jahre zuvor die Gebeine des Evangelisten Markus durch eine ähnlich spektakuläre Aktion wie die der Bareser „requiriert" hatten, zeigten sich vom Triumph der Bareser unbeeindruckt. Flugs rüsteten sie eine neue Expedition nach Myra aus, erhoben neue Reliquien gleich von mehreren Toten und behaupteten, untrügliche Beweise dafür zu besitzen, dass jetzt nur sie die richtigen Gebeine des heiligen Nikolaus besäßen, die Bareser aber die falschen.

Bis zum heutigen Tage wird der heilige Nikolaus in Bari kultisch verehrt, sind zahllose Wunder berichtet worden, fließt aus dem Schrein des Heiligen das „Nikolaus-Manna". Bis heute aber lässt sich auch nicht naturwissenschaftlich eindeutig beweisen, wessen Gebeine nun wirklich in Myra geraubt und nach Bari gebracht wurden. Der 1957 geöffnete Nikolaus-Schrein hat sein Geheimnis nicht preisgegeben. Die Skelettreste gehören zu einem Mann, der im 4./5. Jahrhundert gelebt hat; aber selbst Rekonstruktionsversuche des Gesichtes anhand des Schädelfragments sind kein überzeugender wissenschaftlicher Beweis dafür, dass in Bari tatsächlich die Gebeine des Heiligen aus Myra bewahrt werden – auch wenn es nicht unwahrscheinlich ist.

Das „Nikolaus-Manna" in Bari setzt eine schon aus Myra bekannte Tradition fort: Aus dem Sarkophag des Heiligen tritt eine Flüssigkeit aus, die Wunder wirken soll. Dieses „Myron-Wunder"

Basilika des hl. Nikolaus in Bari/Süditalien. Links und rechts vom Haupteingang sind die Ochsen verewigt, die dafür gesorgt haben, dass die Kirche an dieser Stelle gebaut wurde.

bewies und beweist natürlich aus dem Blickwinkel der Bareser, dass sie den „richtigen“ Nikolaus besitzen. Die Bezeichnung „Myron“ lässt sich sowohl vom Fluss Myron als auch von der Stadt Myra ableiten. Aber „Myron“ bedeutet auch „Salbe“ oder „wohlriechendes Öl“. Eben dieses Myron begründete nicht nur einen schwunghaften Handel und damit einen kontinuierlichen Export der Nikolaus-Idee, sondern auch das Nikolaus-Patronat der Spezereihändler und Salbenkrämer. Die jährlich 7 bis 8 Liter „Oleum sancti Nicolai“, die mithilfe eines Schwammes durch eine Öffnung des Sarkophags entnommen werden – nach einer Untersuchung von 1925 fast reines destilliertes Wasser –, verwandelt sich in bis zu 20.000 Ampullen „Nikolaus-Manna“. Da Letztere etwa 500 Liter „Oleum sancti Nicolai“ entsprechen, lässt sich das Mischungsverhältnis der Flüssigkeit namens „Nikolaus-Manna“ leicht erkennen. Die wundersame Ölvermehrung scheint die Wirksamkeit jedoch nicht zu behindern: Gerühmt wird das Nikolaus-Öl als Hilfe gegen Zahnschmerzen, helfen soll es sogar beim Einrenken von Rippenbrüchen (!) und bei Augenkrankheiten.

Die ersten Reliquien des heiligen Nikolaus tauchen im Abendland erheblich vor dem Reliquienraub der Bareser auf: In der zweiten Hälfte des 8. Jahrhunderts wird das Vorhandensein schon verzeichnet (Inventarverzeichnis von S. Angelo in Pescheria, Rom). Die Zahl der Nikolaus-Reliquien steigt gegen das Jahr 1000 an und erreicht den Höhepunkt in der ersten Hälfte des 11. Jahrhunderts: 1018 Sankt Maximin, Trier; 1028 Abtei Brauweiler, bei Köln (1061 wird die Reliquie als Zahn des Heiligen benannt); 1046 Stavelot, Belgien; 1048 Lüneburg; 1049 Altdorf (bei Molsheim), Elsass; vor 1050 Echternach, Luxemburg; 1063 Benediktbeuren; 1064 Minden; 1065, 1068, 1077 Gorze in Lothringen.

Saint-Nicolas-du-Port

Im Einflussbereich der Benediktinerabtei Gorze, 15 Kilometer von Metz entfernt gelegen, bildete sich das – nördlich der Alpen – wichtigste Kultzentrum des heiligen Nikolaus aus. Einer fabulösen Gründungsurkunde nach soll ein lothringischer Ritter bei der Reliquientranslation von Myra nach Bari in der süditalienischen Hafenstadt ein Fingerglied des Heiligen in seinen Besitz gebracht haben. Nach Beratung mit dem Abt von Gorze wurde beschlossen, im Bereich von Gorze, in dem damals völlig unbedeutenden Marktflecken Port an der Meurthe, eine repräsentative Nikolaus-Kirche zu errichten. Innerhalb kürzester Zeit wurde Port zu einem bedeutenden Wallfahrtsort, hießen die sich in Port kreuzenden Handelswege „Pilgerwege zum heiligen Nikolaus", war die Wallfahrt ein regionaler Wirtschaftsschwerpunkt geworden, nannte sich Port um: Saint-Nicolas-du-Port lautet bis heute der stolze Ortsname.

Die spätgotische Basilika des hl. Nikolaus in St.-Nicolas-de-Port an der Meurthe in Lothringen überragt noch heute den kleinen Ort.

Entsprechend der Ortslage, mitten im Binnenland gelegen, bot sich nicht gerade das Schifferpatronat des Nikolaus als Motiv der Verehrung an. Aber aus dem griechischen Legendenbestand, dem Stratelatenwunder der Befreiung der drei zum Tode verurteilten Feldherren, entwickelte sich eine neue Legende: Nikolaus als Beschützer der Eingekerkerten und als Befreier der zu Unrecht gefangen Gehaltenen. Als sekundäre lothringische Lokallegende wurde das Stratelatenwunder in Form einer neuen Legende fortgeschrieben: Die im 16. Jahrhundert auftauchende Legende schildert einen fiktiven, von den „Ungläubigen" (= Muslimen) in einem Kerker angeketteten Kreuzritter des 13. Jahrhunderts, der sich nach inständigem Flehen zu Nikolaus mit seinen Ketten vor der Nikolaus-Kirche in Lothringen wiederfindet. Aus Dankbarkeit stiftet jener eine Figuralprozession seiner Errettung, die am Vorabend des Nikolaustages, dem 5. Dezember, theatralisch die Rettungstat in Szene setzte.

Deutschland

Für den Raum nördlich der Alpen nimmt man meist an, dass die Nikolaus-Verehrung auch hier schon im 9. Jahrhundert belegbar ist, ein „Nikolaus-Boom" aber erst durch die byzantinische Prinzessin Theophanu (959/960–991) initiiert wurde, die 972 in das ottonische Kaiserhaus einheiratete und Gemahlin Kaiser Ottos II. (973–983) sowie Mutter Ottos III. (983–1002) war.

Aber während Theophanu die Ehre gebührt, den Nikolaus-Kult in Deutschland populär gemacht zu haben, besitzt ein anderer die Ehre, Nikolaus erstmals öffentlich nördlich der Alpen kultisch verehrt zu haben: Liudger, Gründerbischof des Bistums Münster. In Italien bei den Benediktinern hat er Nikolaus kennengelernt. Noch vor 800 weiht er in Billerbeck eine Kirche dem heiligen Nikolaus. Nördlich der Alpen war dies die älteste Nikolaus-Kirche, die aber bereits 1074 durch einen Nachfolgebau ersetzt wurde.

Liudger, der Gründerbischof des Bistums Münster, wurde 784 durch einen Aufstand der Friesen vertrieben und pilgerte nach Rom, von wo aus er nach Montecassino, dem großen Benediktinerkloster, weiterzog und dort zweieinhalb Jahre im Konvent lebte. Die Benediktiner haben Nikolaus als einen der „Mönchsväter" besonders gefördert. Bei ihnen hat Liudger den heiligen Nikolaus kennengelernt. Und das blieb nicht folgenlos, denn die erste Kirche, die er in seinem neuen Bistum noch vor 800 baute, erhielt in Billerbeck Nikolaus zum Patron.

Solange für die römische Kirche San Nicola in Carcere keine ältere Entstehung nachgewiesen werden kann, ist die Nikolaus-Kirche in Billerbeck die älteste überhaupt. Die genaue Datierung von San Nicola in Carcere steht noch aus: Durch eine Inschrift wird das Jahr 1088 belegt, aber es gibt auch Hinweise, die ein um bis zu drei oder vier Jahrhunderte älteres Datum nicht unwahrscheinlich machen. In dem mittleren Tempel von dreien wurde nach der Zeit der Antike ein Gefängnis eingerichtet. In Verbindung mit der Stratelatenlegende, in der Gefangene aus der Gefan-

Heidnischer Tempel, dann Gefängnis und später Kirche. San Nicola in Carcere (= Gefängnis) ist die älteste Nikolauskirche in Rom.

genschaft erlöst wurden, scheint die Nikolaus-Verehrung hier ihren Ansatzpunkt zu haben, gleichfalls die Besiedlung dieses Stadtviertels mit Griechen. Es gibt Hinweise darauf, dass diese Kirche drei bis vier Jahrhunderte vor dem mit 1128 angegebenen Zeitpunkt der Innenraumgestaltung der Kirche ihren Anfang genommen hat. Über Jahrhunderte besaß die Gemeinde das Recht, vom Papst am Nikolausabend (5. Dezember) die Freilassung eines Gefangenen zu erbitten.

Auch wenn die Kaiserin Theophanu, 991 bestattet in St. Pantaleon in Köln, nicht die erste bekannte Nikolaus-Verehrerin in Deutschland war, hat sie jedoch großen Anteil an der Verbreitung des Nikolaus-Kultes. Die Ottonen, in deren Geschlecht sie eingeheiratet hat, haben – wie die Merowinger den heiligen Martin von Tours – den heiligen Nikolaus zu ihrem „Hausheiligen" gemacht: Alle von ihnen gegründeten Kirchen, vor allem die Memorialstiftungen zu Ehren der verstorbenen Theophanu, wurden zu Ehren des heiligen Nikolaus errichtet. So gründete Kaiser Otto III. 997 als Memorialstiftung für seine Mutter Theophanu die Benediktinerabtei Burtscheid, seit 1138 reichsunmittelbar, 1220 von Zisterzienserinnen übernommen, 1802 säkularisiert. Die ehemalige Abteikirche St. Johann Baptist ist heute Aufbewahrungsort der ältesten bekannten Nikolaus-Darstellung nördlich der Alpen: eine aus dem 10. bis 12. Jahrhundert stammende byzantinische Mosaik-Ikone des Heiligen in einem silbervergoldeten Rahmen des 13. Jahrhunderts.

Für die Herkunft der Ikone gibt es zwei legendäre und eine wissenschaftliche Erklärung: Eine Tradition will wissen, die Ikone stamme aus dem Brautschatz der Theophanu. Dem lässt sich entgegenhalten, dass dies aufgrund stilkritischer Untersuchungen auszuschließen ist. Nach einer von Caesarius von Heisterbach überlieferten Legende (Dialogus miraculorum, dist. VIII, cap. 76) sei die Ikone nach dem lebenden Nikolaus gemalt (!) worden und von dem Gründerabt, einem legendären griechischen Königssohn Gregor, nach Burtscheid gebracht worden. Die Wissenschaft vermutet dagegen eine Entstehung im 12. Jahrhundert in einer Konstantinopolitanischen Werkstatt. Nach Burtscheid ist die Ikone sehr wahrscheinlich 1220 im Zusammenhang mit der Übernahme des Klosters durch die Zisterzienserinnen gekommen, die den bisherigen Namenspatron, den hl. Apollinaris, durch den hl. Nikolaus ersetzten.

Die Ikone zeigt Nikolaus als griechischen Bischof. Er trägt keine Mitra, kein Brustkreuz, keinen Ring und keinen Bischofsstab. Mit seiner Rechten segnet der Heilige, wie dies noch heute in der Ostkirche üblich ist: Der Ringfinger berührt den Daumen. Als griechischer Bischof ist er am Omophorion erkennbar, einem Schal, der über der Schulter getragen wird. Der etwa dreißig Zentimeter breite, verzierte Schal, wird so über die Schulter gelegt, dass sich nach vorn und hinten ein Gabelkreuz ergibt. Symbolisiert wird das Lamm, das der Gute Hirt wieder zur Herde zurückbringt. Diesem liturgischen Textil entspricht in der Westkirche das Pallium.

Die „Eingemeindung" des griechischen Nikolaus nördlich der Alpen hat nicht lange gedauert. Das Erzbischöfliche Diözesanmuseum in Köln hütet eine Holzskulptur des hl. Nikolaus aus der ersten Hälfte des 14. Jahrhunderts, die den Heiligen als westlichen Bischof zeigt: mit Mitra, Brustkreuz und einem Bischofsstab, der allerdings verlorengegangen ist. Bekleidet ist Nikolaus mit einem Messgewand.

Seit dem 8./9. Jahrhundert wurde im Westen das Fest des heiligen Nikolaus am 6. Dezember – „Natalis S. Nicolai" – begangen (lat. Nicolai hiemals, Niclastag, Nielsdag, niederl. Clawsdach, Klagesdach). Nach der Translation der Gebeine des Heiligen nach Bari wurde zusätzlich der 9. Mai zum Gedächtnistag – *Translatio s. Nicolai*. Mit der Reform des kirchlichen Festkalenders 1969 fiel die weltweite Verpflichtung zur Feier eines Gedächtnistages für den heiligen Nikolaus fort. Wenn auch der Heilige im römischen Generalkalender seitdem gestrichen ist, so wird im deutschsprachigen Regionalkalender sein Fest nach wie vor geführt.

Mit Beginn des 9. Jahrhunderts wird der heilige Nikolaus in Deutschland kultisch und liturgisch verehrt. Dies war die Voraussetzung dafür, dass sich das Nikolaus-Brauchtum zu bilden und zu verbreiten begann.

Die Legenden des Heiligen

Diese weiträumige Entwicklung des Nikolaus-Kultes ist undenkbar ohne die Weitergabe von Nikolaus-Legenden. Bemerkenswert und geradezu eine hagiografische Gesetzmäßigkeit ist der Umstand, dass eine historische Person, je mehr sie im Dunkel der Vergangenheit historische Präzision verliert, ein Profil im Legendarischen erst entfaltet. Der Fortfall konkreter historischer Bezüge scheint der Nährboden der Legende zu sein.

Der Begriff „Legende" leitet sich vom lateinischen *legenda* – „was zu lesen ist" ab. Literarische Erzählungen über religiös-sittliche Vorbilder, im Christentum dann Heilige, gab es bereits in der Antike. In diesen Legenden wurden das Außerordentliche und Besondere einer Person festgehalten – wenn auch nicht in wissenschaftlich kritischer Art. Meist in bildhafter und symbolischer Form wird ein Inhalt transportiert, bei dem es nicht primär um die historische Wahrheit, sondern um die Glaubenswahrheit geht. Die Einsicht in das göttliche Heilswirken anhand einer fiktiven Person wird begleitet von zeichenhaften Handlungen und Wundern, durch die die Transzendenz mit der Immanenz zeitlich begrenzt eine unerklärliche Verbindung eingeht. Diese Form narrativer Theologie differenziert Heiligenlegenden und Heiligenviten. Während die ersten ein Schwergewicht auf das Erzählen vom vorbildlichen Leben und die wunderbaren Taten einer Person legen, stehen bei den zweiten die Biografie und die Chronologie der Lebensereignisse im Vordergrund.

Eine zweite Unterscheidung findet sich in der Bezeichnung Primär- und Sekundärlegenden. Während der erste Begriff kaum benutzt wird, benennt er aber die Urlegenden, die Legenden, die ursprüngliche mit einem Heiligen verbunden sind. Sekundärlegenden dagegen sind solche, die oft Jahrhunderte später aus unterschiedlichen Gründen entstehen, z. B. um einen Heiligen in eine neue (zeitliche und räumliche) Umgebung zu transformieren oder aber um Ereignisse, die nicht mit seinem Leben, sondern die mit seinen Reliquien verbunden sind, zu thematisieren.

Nachfolgend zusammengestellt sind die griechischen Primärlegenden und späteren Sekundärlegenden.

Primärlegenden aus dem Griechischen

Stratelatenwunder

Zur Zeit des Kaisers Konstantin des Großen brachen in Frigia Adaifalorum (Phrygien) Unruhen aus. Da schickte der Kaiser drei Feldherren mit Namen Nepotianus, Ursus und Eupoleo mit einem Heer zur Beilegung des Aufstandes aus. Ungünstige Winde jedoch trieben sie nach Lykien, und sie landeten bei einem kleinen Flecken bei Myra, dem Hafenort Andriake. Die Soldaten fingen an, das Land zu verwüsten und die Einwohner auszuplündern, jedoch nicht ohne Widerstand vonseiten der Bewohner; ein kleines Gefecht fand statt, hätte aber jedenfalls den Einwohnern zum Verderben gereicht, wenn nicht Nikolaus herbeigeeilt wäre und mithilfe jener drei Feldherren die Ruhe wiederhergestellt hätte. Darauf lud er diese bei sich zum Mahle ein. Sie kamen gerade zur rechten Zeit nach Myra zurück, um ein großes Verbrechen zu verhüten. Eustachius nämlich, der Provinzialpräfekt von Myra, hatte, durch Geld bestochen, drei Männer unschuldig zum Tode verurteilt; schon war man im Begriff, den Spruch zu vollziehen, als Nikolaus davon hörte. In Begleitung jener drei Hauptleute eilte er hastig nach dem Richtplatz, riss dem *Lictor* das Schwert aus der Hand und führte die drei Unschuldigen nach dem Hause des Präfekten, welchen er hart anging wegen seiner schnöden Verräterei. Da jener sein geheimes Tun entdeckt sah, gestand er zerknirscht sein Vergehen und erhielt auf Bitten der Hauptleute Verzeihung. Nachdem die drei Feldherren den Aufstand ohne Blutvergießen niedergeworfen hatten, kehrten sie zurück und wurden vom Kaiser mit Auszeichnung empfangen. Von dem Prätor Ablavius aber des Verrates angeklagt, wurden sie auf Befehl des Kaisers in einen dunklen Kerker geworfen und ungehört zum Tode verurteilt. Als nun die Drei in strenger Haft ihrem Ende entgegensahen, erinnerten sie sich des hl. Nikolaus, wie er jene drei zum Tode verdammten unschuldigen Männer befreit hatte, und riefen ihn flehentlich um seinen Beistand an.

Nikolaus-Ikone von Aachen-Burtscheid, Byzanz, 10. Jahrhundert

In der Marienkirche der Stadt Mühlhausen in Thüringen werden an der Nordwand des Chores zwei Altartafeln eines nicht mehr vollständig er-

haltenen Altares von etwa 1485 gezeigt. Zu sehen sind zwölf Szenen aus dem Leben des hl. Nikolaus.

Der hl. Nikolaus als Deckenschmuck im früheren Nikolauskloster Brauweiler bei Köln.

In derselben Nacht hatte der Kaiser Konstantin einen Traum: Ein Mann, der sich Nikolaus, Bischof von Myra, nannte, erschien ihm und forderte ihn auf, die drei Hauptleute sofort zu befreien, da sie unschuldig im Kerker schmachteten; käme er seinem Befehl nicht nach, so würde Gott einen Krieg gegen ihn entfachen, in dem er elendiglich umkommen und den Vögeln zum Fraße dienen würde. Eine ähnliche Erscheinung hatte auch Ablavius. Durch den Traum erschreckt, ließ der Kaiser am nächsten Morgen die Gefangenen vor sich führen und warf ihnen vor, durch verruchte Zauberkünste seine nächtliche Ruhe gestört zu haben. Jene, welche nicht wussten, was sie davon denken sollten, konnten nichts tun, als von Neuem ihre Unschuld zu beteuern. Da fragte sie der Kaiser, ob ihnen ein Bischof Nikolaus bekannt wäre. Jetzt fiel es den Hauptleuten wie Schuppen von den Augen, sie wussten, wer für sie gesprochen und ihre Unschuld ans Licht gebracht hatte. Der Kaiser setzte sie sofort in Freiheit und schickte sie mit reichen Geschenken nach Myra. Nikolaus aber wies allen Dank zurück und lobte Gott, der solche Wundertaten durch ihn vollbracht hatte.

Die Legende von der Ausstattung der drei verarmten Jungfrauen

Ein vornehmer Mann, der völlig verarmt ist, beabsichtigt, seine drei Töchter, die er nicht ebenbürtig verheiraten kann, der Schande preiszugeben, um daraus seinen und ihren Lebensunterhalt zu bestreiten. Der junge Nikolaus, eben Erbe eines großen Vermögens geworden, hört davon und wirft nachts dreimal einen Beutel voll Geld ins Haus der Verarmten. Jeder Beutel bildet die Mitgift für eine der Töchter und ermöglicht ihre Verheiratung. Das dritte Mal holt der Vater den enteilenden Wohltäter ein und dankt ihm unter Tränen.

Die Stillung des Seesturms

Schiffer, die in Seenot geraten sind, erinnern sich des hl. Bischofs, von dessen Ruhm sie gehört haben. Von ihnen angerufen, erscheint Nikolaus, spricht ihnen Mut zu, greift selbst überall ein und verschwindet nach Vollbringung des Rettungswerkes. Die Matrosen erkennen in der Kirche von Myra in dem ihnen bisher unbekannten Bischof Nikolaus sofort ihren Retter und danken ihm, während dieser sie vor sündigem Lebenswandel warnt.

Die wunderbare Kornvermehrung

Während einer Hungersnot in Lykien landen in Andriake alexandrinische Kornschiffe. Nikolaus, von Myra herbeigeeilt, bittet die Schiffer, etwas von ihrer Ladung abzugeben. Sie lehnen das mit der Begründung ab, dass die Ladung genau gewogen sei. Der Heilige jedoch sichert ihnen Straflosigkeit zu und heißt sie, von jedem Schiff hundert Scheffel abzugeben. In Konstantinopel fehlt nichts am Gewicht. Das von Nikolaus verteilte Getreide reicht auf wunderbare Weise für zwei Jahre aus und langt auch noch zur Aussaat.

Die Rückführung des verschleppten Kindes

Cethron, der Gemahl der Euphrosina in Excoranda, hatte sich nach Myra begeben, um dort den hl. Nikolaus um seinen Segen zu bitten. Er kam aber zu einem Zeitpunkt in Myra an, als man eben im Begriff war, die Leiche des verstorbenen Bischofs zu bestatten. Doch erhält er auf seine dringende Bitte *unum de linteaminibus* (eines der Linnen) des Heiligen. Nach seiner Heimat zurückgekehrt und im Vertrauen darauf, dass ihm die Kraft der Reliquien den heiß ersehnten Sohn schenken werde, baut Cethron auf Bitten seiner Gattin dem hl. Nikolaus außerhalb der Stadt eine

Kirche. Der Ortsbischof Apollonius weiht sie, das in der Kirche aufbewahrte, Wohlgeruch ausströmende *linteamen* wirkt Wunder. Am 6. Dezember, dem Nikolaustag, wird dem Ehepaar ein Sohn geboren, der den Namen „Adeodatus" (von Gott gegeben) erhält. Seitdem feiert die Familie jedes Jahr das Nikolausfest am Jahrestag der Geburt ihres Sohnes. Als der Knabe sieben Jahre alt wurde und man gerade wieder das Fest des Heiligen beging, fallen die Agarener (d. s. Araber) ins Land ein, nehmen mit anderen Bewohnern der Stadt auch den jungen Adeodatus gefangen und führen alle nach Babylonien. Bei der Verteilung der Gefangenen kommt Adeodatus als Mundschenk in den Palast des Königs Marmorinus. Nach einem Jahr, als wieder der Tag des hl. Nikolaus gekommen war und eben der König dem unglücklichen Knaben versichert hatte, dass keine Macht der Welt ihn je seinen Händen wieder entreißen könne, wurde Adeodatus plötzlich mit dem gefüllten Becher, den er dem König zu reichen im Begriff gewesen war, in die Luft entrückt und in seine Heimat zurückgebracht.

Das Wannen- und Säuglingswunder

Eine Mutter lässt ihr kleines Kind in der mit heißem Wasser gefüllten Badewanne auf dem Feuer stehen, während sie selbst der mehrere Stunden andauernden Inthronisation des neuen Bischofs Nikolaus in Myra beiwohnt. Als sie nach Hause kommt, findet sie das Kind, das der Heilige auf wunderbare Weise vor dem Tod des Verbrühens bewahrt hatte, wohlbehalten noch in der Badewanne sitzend vor.

Das wundertätige Nikolaus-Bild

Vandalen aus Afrika fallen in Kalabrien ein, plündern und führen viele Gefangene mit sich fort. Einer von den Räubern, ein Zöllner, fand unter seiner Beute ein kunstvolles Bild. Er lässt sich von einem Gefangenen belehren, dass es den hl. Nikolaus darstellt und dass der Besitzer so lange in Glück und Reichtum lebe, als er das Bild ehre und hochachte. Der Heide, hocherfreut über einen so kostbaren Fund, glaubt ihn nicht besser anwenden zu können, als ihn zum Hüter seiner Schätze einzusetzen, in der Meinung, dass diese so am besten geborgen seien. Trotzdem wurden ihm dieselben gestohlen. Darüber ergrimmte jener so, dass er den armen Heiligen heftig ausschalt und ihm mit einem gewaltigen Prügel drohte, falls er ihm die Schätze nicht wieder zur Stelle schaffte. Der Heilige, welcher nicht zugeben konnte, dass sein Bild misshandelt würde, erschien auch wirklich den Räubern in dem Augenblick, wo sie die Schätze teilen wollten, und befahl ihnen, dieselben sofort zurückzubringen, widrigenfalls er sie den Richtern ausliefern und ihren schmählichen Tod durch den Strick bewirken würde. Die dadurch eingeschüchterten Diebe trugen den Raub zurück; auf den Heiden aber machte diese Begebenheit einen solchen Eindruck, dass er das Bild küsste, sich mit seinem ganzen Haus zum Christentum bekehrte und dem hl. Nikolaus zu Ehren eine Kirche baute. So wurde Nikolaus auch in Afrika berühmt.

Die Vernichtung des Öls der Diana

Als Pilger aus weiter Ferne sich anschicken, die Seefahrt nach Myra anzutreten, um das Grab des hl. Nikolaus zu besuchen, naht ihnen in Frauengestalt ein Dämon, der einst in dem von Nikolaus zerstörten Artemis-Tempel von Myra gehaust hatte, und übergibt ihnen ein mit Öl gefülltes Gefäß mit der Bitte, das Öl in die Lampen der Nikolaus-Kirche zu gießen. Auf hoher See erscheint der Heilige einem der Pilger im Schlaf und befiehlt, das Gefäß ins Meer zu werfen. Als anderen morgens der Befehl ausgeführt wird, erheben sich auf dem Meer Feuerflammen, Rauch und Gestank; das Meer gerät in solche Wallung, dass nur die Hilfe des Heiligen das Schiff vor dem Untergang bewahrt. Da erkennen die Wallfahrer den dämonischen Trug und danken Gott und dem hl. Nikolaus.

Die Rettung des ertrunkenen Sohnes

Ein vornehmes Ehepaar wurde auf Fürbitte des hl. Nikolaus mit einem Sohn beglückt, nachdem der Vater gelobt hatte, mit diesem gemeinsam eine Pilgerfahrt nach Myra zu unternehmen und dort auf dem Altar des hl. Nikolaus einen goldenen Becher zu opfern. Als der Knabe herangewachsen war und der Goldschmied den in Auftrag gegebenen Becher dem Vater überreichte, fand dieser ihn so ausgezeichnet, dass er beschloss, ihn zu seinem eigenen Gebrauch zu verwenden. Er bestellte deshalb bei dem Goldschmied einen ähnlichen, um mit diesem sein Gelübde zu erfüllen. Während der Überfahrt nach Myra bat der Vater den Sohn, ihm mit dem ersten Becher Wasser aus dem Meer zu schöpfen. Dabei fiel aber der Knabe mit dem Becher ins Meer und verschwand in den Wellen. Als der Vater, der tieftraurig die Reise fortgesetzt hatte, in der Kirche des Heiligen in Myra den zweiten Becher opfern wollte, fiel dieser, wie von einer geheimnisvollen Macht zurückgestoßen, vom Altar herab. Auch ein zweiter Versuch, ihn auf dem Altar niederzusetzen, scheiterte. Während man sich noch über dieses merkwürdige Ereignis wunderte, erschien plötzlich der ins Meer gefallene Knabe wohlbehalten und gesund, mit dem ersten Becher in der Hand, in der Kirche. Er erzählte der staunenden Menge, dass ihm der hl. Nikolaus zu Hilfe gekommen sei und ihn vor dem sicheren Tod bewahrt habe. Voller Freude über die wunderbare Errettung seines geliebten Sohnes opferte der Vater nun beide Becher dem hl. Nikolaus.

Die Bestrafung und Begnadigung eines Betrügers

Ein Christ, der sich in großer Not befand, wandte sich an einen Juden um ein Darlehen und schwor über einem Bild des hl. Nikolaus, das entliehene Geld pünktlich an einem festgesetzten Tag zurückzuerstatten. Als die Frist um war, verlangte der Jude sein Geld, der Christ aber schwor hoch und heilig, dass er ihm nichts schulde und ihm deshalb auch nichts wiedergeben würde. Der Gläubiger machte die Sache bei Gericht anhängig, die streitenden Parteien wurden vorgeladen. Der Christ aber, ein verschmitzter Geselle, barg das geliehene Geld in einem hohlen Stock, und als er seinen Schwur ablegen sollte, hieß er den Juden den Stock halten, worauf er schwor, dass er jenem all sein Gut zurückgegeben hätte. Der Jude bekam Unrecht und verließ den Saal, auf den hl. Nikolaus scheltend. Aber die Strafe sollte nicht ausbleiben. Als der Betrüger heimkehrte, überfiel ihn eine unwiderstehliche Schlafsucht, die ihn zwang, sich mitten auf dem Weg niederzulegen. Niemand war imstande, ihn von der Stelle zu bewegen. So wurde er dann von einem im scharfem Trab daherkommenden Wagen überfahren und erlitt einen qualvollen Tod; zugleich aber hatte der Wagen auch den mit Gold gefüllten Stock zerbrochen und den reichen Inhalt bloßgelegt. Der herbeigeholte Jude erkannte zwar das Gold als das seinige an, weigerte sich aber, es zu nehmen, wenn St. Nikolaus nicht den Christen wieder zum Leben erwecken würde. Kaum war das Wort gesprochen, so erhob sich jener; der Jude aber, durch dieses Wunder bekehrt, ließ sich mit seinem ganzen Haus taufen.

Die Erweckung eines Knaben

Durch einen schweren Traum seiner Gattin erschreckt, besucht ein frommer Mann aus der Lombardei mit ihr am Nikolaustag die Kirche. Während ihrer Abwesenheit wird ihr Knabe, der allein zu Hause geblieben war, vom Teufel, der in der Gestalt eines

Pilgers zu dem Haus gekommen war, getötet. Die zurückkehrende Mutter sieht darin die Erfüllung ihres Traumes. Aber trotzdem feiern die Eltern wie alljährlich das Fest des Heiligen. Viele Geistliche sind dazu versammelt. Sie sollen nichts von dem toten Kind erfahren. Die Leiche wird deshalb in einem Nebenraum verborgen. Da kommt der ebenfalls als Pilger verkleidete hl. Nikolaus zu dem Haus und wird aufgefordert, am Fest teilzunehmen. Er wünscht aber in dem Raum zu speisen, in dem das tote Kind liegt. Als Nikolaus es findet, erweckt er es wieder zum Leben und verschwindet. Darauf erzählt der Knabe, wie es ihm ergangen war.

Die Auferweckung der drei getöteten Schüler

Drei wandernde Schüler nehmen in einem einsam gelegenen Haus Herberge. Der Wirt, der bei den Schülern Schätze vermutet, ermordet sie mithilfe seiner Frau in der Nacht. Da kommt der hl. Nikolaus in der Gestalt eines Bettlers, bittet um Unterkunft und überführt die Schuldigen unter dem Vorwand, frisches Fleisch haben zu wollen, ihres Verbrechens. Auf ein Gebet des Heiligen erscheint ein Engel und verkündigt, dass die drei Schüler zum Leben zurückgekehrt seien.

Sekundärlegenden

Die folgenden Legenden entstammen den Nikolaus-Legenden des Cäsarius von Heisterbach. Der *Dialogus magnus visionum atque miraculorum* des Cäsarius von Heisterbach wurde um 1220 – wahrscheinlich im Zisterzienserkloster Heisterbach (1192–1803) – verfasst.

Vom Zahn des heiligen Nikolaus in Brauweiler

Die Mönche von Brauweiler wollten ihre Kirche erweitern und schickten den Zahn ihres Schutzherrn, des heiligen Priesters Nikolaus, mit einigen Weltpriestern, die gut reden konnten und Geld herauszulocken wussten, in verschiedene Gegenden. Er war in einen Kristall eingeschlossen. Als sich diese gemieteten Prediger eines Tages beim Umhertragen des Reliquienbehälters ehrfurchtslos benahmen, da platzte der Kristall, als könnte der ehrwürdige Bischof ihre Lästerungen nicht ertragen. Als die Mönche dies Wunder sahen, brachten sie den Zahn zurück und duldeten seitdem nicht wieder, dass er zu solchem Zweck ausgesandt würde. Ich habe den Riss im Kristall gesehen.

Wie der heilige Nikolaus einem Knaben seinen Tod voraussagte

Im Dorf Leichlingen, ungefähr zwei Meilensteine von Köln, hat sich vor sieben Jahren das Folgende zugetragen: Ein einfacher Knabe hütete dort das Vieh einer Frau. Er liebte den heiligen Nikolaus so sehr, dass er täglich die Hälfte seines Brotes ihm zu Ehren den Armen gab. Auch rief er fortwährend im Gebet sein Erbarmen an. Da der heilige Bischof an diesem frommen Dienst Gefallen fand, erschien er ihm eines Tages auf dem Feld in Gestalt und Kleidung eines ehrwürdigen Greises und sagte: Lieber Knabe, führe die Herde heim. Er antwortete: Herr, es ist noch zu früh, meine Herrin würde mich ausschelten. Darauf sagte der Heilige: Tu, wie ich gesagt habe, denn heute vor Sonnenuntergang wirst du sterben. Der Knabe erschrak, als er das hörte, und fragte ihn: Herr, wer bist du? Er antwortete ihm: Ich bin der Bischof Nikolaus, zu dem du immer betest und mit dem du dein Frühstück zu teilen pflegst. Ich bin gekommen, um dich zu belohnen. Geh also zu deiner Herberge, nimm den Leib des Herrn und mach dich bereit, denn heute, wie gesagt, wirst du sterben. Darauf verschwand er. Als der

Knabe mit den Schafen heimkam und seine Herrin fragte, warum er so früh komme, antwortete er: Ich musste, denn vor der Nacht soll ich sterben. Darauf jene: Du redest Unsinn. Führe die Herde wieder auf die Weide, du wirst nicht sterben. Er aber legte sich gleich zu Bett und verlangte nach einem Priester. Dieser kam, und die Frau sagte zu ihm: Ich fürchte, dieser Knabe hat irgendeinen Spuk gesehen, fragt ihn gründlich aus, was er gesehen hat, was ihm fehlt und warum er so redet. Der Priester tat so, und der Knabe erzählte ihm das Gesicht. Er empfing aus seinen Händen das Abendmahl und starb zur vorhergesagten Stunde.

Heiliger Nikolaus zu Burtscheid

Im Kloster Burtscheid bei Aachen gibt es ein ellengroßes Bild, das den seligen Bischof Nikolaus vom Nabel an aufwärts darstellt. Der selige Gregorius, der Sohn des Königs von Griechenland, jenes Klosters erster Abt und Gründer, hat es dorthin gebracht. Es soll dasselbe Bild sein, das ein Barbar, wie es in den Wundern des heiligen Nikolaus zu lesen ist, raubte und zur Behütung seines Zollhauses bestimmte, wodurch er dann zum Glauben bekehrt ward, da er seine Habe verlor und sie, als er das Bild schlug, wiedererhielt. Oft hat sich seine Kraft erwiesen, besonders bei Schwangeren. Als es einst in das Haus einer angesehenen Frau, die in Wehen lag, gebracht wurde, wo man es ihr gegenüber an die Wand hängte, da sahen alle Anwesenden, wie im Augenblick der Geburt das Bild, um die Gebärende nicht zu betrachten, sich umdrehte. Es ist auf diesem Bild das Antlitz lang und mager, sehr ernst und ehrwürdig. Die Stirn ist kahl, die Haare des Kopfes wie des Bartes grau. Als die Mönche den Ort vor Kurzem verließen, erhielten ihn Nonnen unseres Ordens zusammen mit dem Bild.

Der Finger des heiligen Nikolaus

Der heilige Nikolaus hätte es sich zu seinen Lebzeiten nicht träumen lassen, dass nach seinem Tode mit einem seiner Finger einmal Missbrauch getrieben würde, und zwar geschah das im Kölner Erzbistum.

Als da im Jahre 1028 das Kloster zu Brauweiler gegründet wurde, weihte man es dem heiligen Nikolaus, und als kostbarsten Schatz barg es einen Finger seines Namenspatrons, der in einem kristallenen Behälter lag.

Eines Tages schickte Abt Bertram einige Kölner Studenten durchs Erzbistum, die sollten in Stadt und Land beredsam um Almosen bitten, damit das Kloster ausgebaut werden könnte; um zu bezeugen, dass sie von ihm gesandt worden waren, gab er ihnen die kostbare Reliquie mit.

Wohin nun die Bittsteller kamen, fanden sie Herzen und Hände offen. Je mehr aber die frommen Spenden sich häuften, umso stärker fühlten sich die Sammler versucht, in die ledernen Beutel zu greifen, und schließlich geschah es auch einmal, zweimal und dann bei jeder Gelegenheit. Statt aber eifrig den Finger des Heiligen weiter durchs Land zu tragen, saßen sie jetzt oft Stunden in Herbergen und Trinkstuben herum, gaben sich recht weltlich und manchmal auch sündhaft dazu.

Endlich duldete es der Heilige nicht mehr, dass die Burschen Missbrauch trieben mit seinem Finger. Als sie wieder irgendwo mit heuchlerischen Worten und Gebärden um eine Spende baten und die Reliquie zum Segen erhoben, zersprang der Behälter. Der Finger fiel auf die Erde, fing an zu bluten, und das Blut ließ sich nicht stillen, bis der Abt selber von Brauweiler kam und den Finger in ein neues Behältnis legte.

Reumütig bekannten die Burschen, wie sie es getrieben hatten. Sie wurden mit Schimpf und Schande davongejagt. Von den Neunmalklugen, die es zu allen Zeiten gibt, wollten einige wissen, dabei hätte sich der Finger in seinem neuen Behältnis bewegt, als hätte er drohen wollen.

Manchmal war der Finger auch noch zu etwas anderem nutz. So standen zu Fastnacht 1347 die Wasser des Rheines so hoch in den Kölner Gassen, wie es noch nie gewesen war seit Menschengedenken. Wochenlang ging die Flut nicht zurück. Häuser und Gehöfte stürzten zusammen. Vieh und Menschen ertranken. Seuchen verbreiteten sich. In Kirchen und Kapellen flehten die geängstigten Kölner den Himmel an. Bittprozessionen zogen nach Sankt Severin und Sankt Mechtern, um die Patrone der beiden Kirchen um Fürsprache bei Gott anzurufen. Trotzdem stiegen die Wasser Tag um Tag, als wollte Gott die Sündflut erneuern.

Da, in der höchsten Not, erinnerte sich ein Fischer des heiligen Nikolaus, der ihm und seinen Gefährten schon öfter geholfen hatte in Wassers Not; er wusste auch, dass in Brauweiler ein Finger des Heiligen war. Davon erzählte er jetzt, und die es hörten, rieten, vor das Rathaus zu ziehen und zu bitten, den Finger herbeizuholen. Sie taten es, und der Rat sandte sogleich Boten zu den Brauweiler Mönchen, der Stadt den Finger des Heiligen auszuleihen.

Der Prior selbst ritt in scharfem Trab mit dem Klostervogt und einigen Knechten gen Köln. Am Hahnentor erwartete sie eine Menge Volks und zog unter Singen und Beten hinter der Reliquie her durch die Stadt an den Rhein.

Stand da am Malzbüchel die kleine Elze, des Herrn Konstantin von Lyskirchens Töchterlein. Kaum elf Jahre war das Kind. Gläubig fromm sah es mit seinen blauen Augen die Prozession durch die Straße kommen. Der Prior bemerkte Elzelein mit seinem schmalen blassen Engelsgesicht und dachte, als hätte ein guter Geist es ihm eingegeben, solche Unschuld könne vielleicht den Heiligen am ehesten rühren, für die Not leidende Stadt um Gottes Hilfe zu bitten. Er hielt an, stieg vom Pferd, gab dem erschrockenen Kind das Reliquiengefäß in die Hände und hieß es, damit vor den vielen Kindern in der Prozession der Flut entgegenzuschreiten.

Elzelein schritt und schritt, hob die Reliquie wie beschwörend in seinen Händen und hielt auch im Schreiten nicht inne, als das

Wasser schon seine Füße netzte. Dann erscholl es mit einem Mal silberhell aus seinem Mund: „Kyr leis, Kyr leis!“ Und nun stimmten zuerst die Kinder und nach und nach auch das ganze Volk mit ein, und so schwoll der Ruf des Erbarmens mit brausender Gewalt zum grauen Himmel hinan und erhob sich auch wie ein Damm gegen die tückische Flut. „Kyr leis! Kyr leis!“

Plötzlich gellte irgendwo eine Stimme auf: „Das Wasser fällt!“ Da wurde es kirchenstill. Elzelein hielt in seinem Schreiten inne, wandte die Augen von der Reliquie und blickte verwundert an sich hinab. Jetzt erst bemerkte es, dass es bis an die Knie im Wasser stand, sah zugleich aber, wie das Wasser merklich rückwärts ging und schließlich auch von seinen Füßen wich. Da hob es die Reliquie noch einmal wie segnend empor und stimmte dann ein in das Lied, das aus aller Munde dankend zum Himmel drang. Weiter und weiter fiel jetzt die Flut, und nach zwei Tagen hatte sie sich völlig verlaufen.

Im Jahr 1505 weilte Kaiser Maximilian im Brauweiler Kloster. Dem hohen Gast wurde alles gezeigt, was die Schatzkammer an Reliquien barg: die Haare der Gottesmutter, der Bart des heiligen Petrus, der Zahn des heiligen Johannes, die Rippen des heiligen Benedikt, die Schuhe des heiligen Philipp, die Feder aus den Flügeln des Erzengels Michael und was sonst frommer Eifer gesammelt hatte.

Der Kaiser lächelte belustigt und ging schnell vorüber. Den Finger des heiligen Nikolaus aber betrachtete er voller Ehrfurcht und bat den Abt, er möge ihn damit segnen. Der Abt willfahrte seinem Wunsch, fragte dann aber, warum gerade dieser Reliquie er seine Gunst bezeige.

Da erzählte Maximilian: Ich wollte 1476 den Neusser Krieg beenden und hatte mit Karl, dem Herzog von Burgund, verhandelt. Wir konnten uns aber nicht einigen, und so ritt ich unwillig von dannen. Unweit von Brauweiler geriet ich mit meinen Begleitern auf freiem Feld in ein heftiges Wetter. „Das hat uns der nasse Nikolaus von Brauweiler beschert“, scherzte einer. „Dann wollen wir uns bei ihm beschweren gehen“, lachte ich, wenn es mir zum Lachen auch nicht zumute war. Wir kehrten also im Kloster ein und fanden eine prächtige Unterkunft.

Wenig später traf auch der Bischof von Toul hier ein, der unterwegs war zu seinem Herrn, dem Herzog von Burgund. Wir besprachen uns, und ich ließ ihn wissen, dass ich sehr unwillig sei, weil ich mich nicht mit seinem Herrn hätte einigen können. Der Bischof bat mich darauf, ich möchte noch einen Tag verweilen, er wolle zwischen dem Herzog und mir zu vermitteln suchen.

Es gelang ihm. Wir verhandelten noch einmal und schlossen Frieden. Außerdem erhielt ich des Herzogs Wort, das mir seine Tochter Maria versprach. Zwar dauerte es noch, bis Karl 1477 vor Nancy dem vereinigten Heer der Schweizer und Lothringer unterlag und auf der Flucht getötet wurde. So kam ich durch den nassen Nikolaus zur schönen Frau und zum schönsten Land; brachte mir meine Gemahlin als Heiratsgabe doch die Niederlande zu.

Aus: Paul Weitershagen, Zwischen Dom und Münster. Sagen, Legenden, Märchen und Schwänke aus den Landschaften zwischen Köln und Aachen, Köln, Greven Verlag 1973.

Ausbreitung des Nikolaus-Kultes

Die Stratelatenlegende hatte im Altertum einen solch hohen Stellenwert, dass von ihr heute noch mehr als fünfzig verschiedene Handschriften erhalten sind. Die älteste bekannte Biografie des heiligen Nikolaus, die *Vita per Michaelem*, scheint zwischen 750 und 850 in Konstantinopel entstanden zu sein. Sie wurde zur Vorlage für die nur wenig jüngere Biografie des *Methodius ad Theodorum*, die in die erste Hälfte des 9. Jahrhunderts datiert wird.

Simeon Metaphrastes, der in der zweiten Hälfte des 10. Jahrhunderts arbeitete, führte die Stratelatenlegende mit der Vita des Myrensers zusammen, fügte aber – und das war eben sein Irrtum – Begebenheiten aus dem Leben des Archimandriten Nikolaus († 564) hinzu. Diese kompilierte Vita war die Vorlage für alle folgenden Lebensbeschreibungen.

Wie im Osten so scheint auch im Westen die Stratelatenlegende Auslöser und Kern der Nikolaus-Legenden und Nikolaus-Verehrung zu sein. In einem Reichenauer Codex aus der ersten Hälfte des 9. Jahrhunderts taucht die *praxis de stratelatis* erstmals auf weströmischen Boden auf. Nur wenig später, zwischen 840 und 854, findet sich die Legende etwas gekürzt im Martyrologium des Abtes und nachmaligen Mainzer Erzbischofs Hrabanus Maurus wieder. Wie im Osten so folgt im Westen die Nikolaus-Biografie seiner Legende nach. Zwei griechische Biografien haben vor allem als Vorlagen gedient: die *Vita* des Simeon Metaphrastes und die Schrift des *Methodius ad Theodorum*. Nachweisbar ist um 880 die in Neapel verfasste *Vita s. Nicolai episcopi* von Johannes Diaconus, die wohl älteste Nikolaus-Biografie in lateinischer Sprache. Während sich Johannes Diaconus wesentlich auf den Text des Methodius stützt, übernahmen jüngere lateinische Autoren ihren Stoff von Simeon Metaphrastes. Auf diese Weise verschmolzen auch im Westen die historischen Personen des Nikolaus von Myra und des Abtes Nikolaus von Sion zur heute noch bekannten fiktiven Nikolaus-Gestalt.

Im Hochmittelalter entstanden allmählich auch volkstümliche und volkssprachliche Nikolaus-Lebensbeschreibungen. Die älteste bekannte Vita stammt von dem Anglonormannen Robert Wace. Mit seinem Text *St. Nicholas* fußt er auf Johannes Diaconus und somit auf Methodius, aber auch noch auf zusätzlichen, möglicherweise mündlichen Quellen. Diese altfranzösische Vita existiert auch noch in Form einer jüngeren mittelenglischen Variante. Die erste deutsche Nikolaus-Biografie kann für das 13. Jahrhundert nachgewiesen werden. Leider ist der Text in Form eines Gedichts von hoher sprachlicher Qualität nur fragmentarisch erhalten.

Den „Renner" unter den Nikolaus-Viten im lateinischen Abendland schrieb in der zweiten Hälfte des 13. Jahrhunderts der Dominikaner Jacobus de Voragine, späterer Erzbischof von Genua. Seine berühmte *Legenda aurea*, zuerst lateinisch abgefasst, ordnet die Heiligen nach dem kirchlichen Festjahr an und behandelt den heiligen Nikolaus gleich nach dem heiligen Andreas. In zahlreichen Handschriften und ab dem Ende des 15. Jahrhunderts auch im Buchdruck trat die *Legenda aurea* einen unvergleichlichen Siegeszug an, der bis in das 20. Jahrhundert anhielt. Die Popularität des heiligen Nikolaus im Hoch- und Spätmittelalter, aber auch die Nachwirkungen bis in unsere Zeit haben ihre Quelle in diesem sensationell erfolgreichen Buch, dessen Texte sich im Laufe der Jahrhunderte durch Ergänzungen beachtlich ausweitete: Aus den 170 Texten im 13. Jahrhunderts waren 1470 bereits 448 geworden.

Auf der Textvorlage des Genueser Erzbischofs wiederum basiert das kurz vor 1300 vollendete sogenannte *Passional*, mit zirka 110.000 Versen die bedeutendste Legendensammlung des Mittelalters. Nikolaus ist in dieser Textsammlung im dritten Buch nicht nur an die erste Stelle von 75 behandelten Heiligen der 66.400 Verse umfassenden *Legenda sanctorum* gerückt: Mit etwa 1780 Versen ist das Kapitel von „Sante Nicolao einem bischove" doppelt so lang, wie die anderen Texte im Durchschnitt sind.

Die frühen Buchdrucke, die vor 1500 entstandenen „Inkunabeln", sind nicht nur typografisch aufwändig gestaltet, sondern auch reich bebildert. Die populärste Vitensammlung, heute als *Der Heiligen Leben* bezeichnet, erstmals 1471/1472 in Augsburg ediert, enthält für jeden Heiligen einen Holzschnitt. Das 1488 in

Nürnberg edierte Buch von Anton Koberger, eine der aufwändigsten Inkunabeln, präsentiert für Nikolaus einen zweiteiligen – meist sogar handkolorierten – Holzschnitt. Dargestellt werden die Ausstattung der drei Jungfrauen mit Gold und die Erwählung von Nikolaus zum Bischof, mit Heiligennimbus, Mitra und Chormantel, bei der Jungfrauenlegende zusätzlich mit Bischofsstab dargestellt. Die Jungfrauenlegende wenigstens handelt vor der Bischofswahl; aber der Illustrator kann deswegen nicht gleich als unwissend oder Fälscher bezeichnet werden: Durch seine Tat erweist sich Nikolaus schon vor seiner Bischofswahl als des Bischofsamtes würdig und wird deshalb als heiliger Bischof wiedererkennbar selbst in „vorbischöflicher" Zeit gezeigt.

Die wichtigste Innovation des lateinischen Abendlandes hinsichtlich der Weiterentwicklung der Grundlegenden des heiligen Nikolaus ist die Wundererzählung von der Auferweckung der getöteten Schüler. Die älteste Fassung liegt im 12. Jahrhundert in dramatisierter Form in der Hildesheimer Handschrift *Liber sancti Godehardi* vor; eine der ältesten epischen Fassungen bietet der schon genannte Robert Wace mit seinem *St. Nicolas*. Weil sich die Schülerlegende schon vor 1200 im nordfranzösischen Bereich finden lässt, aber eine Generation später in der südlich der Alpen verfassten *Legende aurea* und anderen südeuropäischen Nikolaus-Biografien nicht vorkommt, vermutet die Forschung die Entstehung dieser Schülerlegende in Nordfrankreich. Die Schülerlegende ergänzt nicht nur die im Mittelmeerraum entstandenen Legenden, sondern prägt den Typ von Nikolaus, der als himmlischer Kinderfreund und Geschenkebringer in zahlreichen zeitabhängigen Metamorphosen bis in die Gegenwart fortlebt. Kult, Hagiografie, Ikonografie und Brauchentwicklung erfuhren von hier eine nach wie vor ungebrochene Vitalität, die sich im Gegensatz zur infrage gestellten kanonischen Unantastbarkeit erhalten hat.

Im Osten scheint sich der Kult des *hagios Nikolaos* wahrscheinlich schon im 5. Jahrhundert entwickelt zu haben. Dafür spricht die Häufigkeit des Namens „Nikolaos". Stimmt diese Annahme, dann reicht die Nikolaus-Verehrung bis 450 oder sogar 400 zurück. Im 6. Jahrhundert muss eine weit verbreitete Verehrung angenommen werden, weil die beginnende schriftliche Verbreitung der Stratelatenlegende sonst nicht erklärt werden kann. Bis zur Jahrtausendwende wird mit großer Wahrscheinlichkeit der historische Nikolaos von Myra Objekt der Verehrung gewesen sein, denn die Kompilation der beiden Nikoläuse durch den Metaphrasten geschah erst kurz vor dem Jahr 1000.

Seine unvergleichliche und singuläre Heiligenposition hatte Nikolaus in der Ostkirche bereits im 9. Jahrhundert erreicht. Noch bevor aber Nikolaus in der Ostkirche auf dem Gipfel der kultischen Verehrung angekommen war, sprang der Nikolaus-Kult vom Osten auf den Westen über. Aufgrund der engen Verbindung des Ostreiches mit dem Westreich bestand in Rom eine einflussreiche byzantinische Kultgemeinde und seit dem 6. Jahrhundert ein starker byzantinischer Einfluss.

Wann genau die Akzeptanz von Nikolaus im Westen erfolgte, wissen wir nicht, zumal wir keinen offiziellen Zeitpunkt der Aufnahme des Nikolaus-Kultes annehmen können. Die Nikolaus-Forschung geht davon aus, dass der Nikolaus-Kult im Westen im 7./8. Jahrhundert fest etabliert war. Als Beweise für die Annahme gelten die Übernahme der Stratelatenlegende in einen Reichenauer Codex vor 842 und die Erwähnung des heiligen Nikolaus in einem zwischen 755 und 770 erstellten Reliquienverzeichnis in der römischen Kirche Sant' Angelo in Pescheria.

In Neapel, wo Johannes Diaconus um 880 die *Vita s. Nocolai episcopi* in Latein schrieb, wurde 1742 in der Kirche S. Giovanni Maggiore ein Marmorkalender aus der Zeit zwischen 821 und 841 gefunden. Hier findet sich nicht nur der Eintrag des Festtages des heiligen Nikolaus, sondern auch die Zuordnung des „Natalis S. Nicolai" zum 6. Dezember – der älteste Hinweis auf diesen Festtag, der nur eine Generation später auch in Frankreich und England nachzuweisen ist.

Jenseits der Alpen setzte der Boom der Nikolaus-Verehrung natürlich später als im Süden der Alpen ein. Auch wenn der Beginn der Nikolaus-Verehrung durch den Bau der ersten Nikolaus-Kirche in Billerbeck noch vor 800 als gesichert anzunehmen ist, setzt der große Verehrungsschub erst mit dem Ende des 10. und Anfang des 11. Jahrhunderts ein: Geradezu sprunghaft steigt die Zahl der Nikolaus-Patrozinien bei Kirchen, Kapellen und Klöstern flächendeckend an.

Als Ursache dieses Phänomens benennt die Forschung eine Person: die byzantinische Prinzessin und nachmalige Kaiserin Theophanu. Für diese Annahme, dass Theophanu den Nikolaus-Kult gefördert hat, dass die Ottonen Nikolaus förderten wie die Franken Martin, gibt es Beweise. Aus der Umgebung der Theophanu, angeblich aus ihrem Brautschatz, nach anderer Tradition (Cäsarius von Heisterbach) aus dem Besitz des ersten Burtscheider Abtes Gregorius, der wahrscheinlich mit Theophanu aus Griechenland gekommen ist, soll die älteste noch erhaltene Darstellung des heiligen Nikolaus diesseits der Alpen stammen: eine byzantinische Mosaik-Ikone des 9. oder 10. Jahrhunderts, die – ursprünglich der Burtscheider Benediktinerabtei zugehörig – heute in der Pfarrkirche St. Johann Baptist in Aachen-Burtscheid aufbewahrt wird. Die Benediktinerabtei war von Kaiser Otto III. 997 als Memoriale für Theophanu unter dem Patronat der heiligen Appollinaris und Nikolaus gegründet worden. Dargestellt ist Nikolaus auf dieser Ikone nach streng byzantinischer Tradition wie auf dem Fresko in der römischen Kirche S. Maria Antiqua: Ein unbedecktes Haupt mit Stirnglatze und Bart, umgeben von einem Heiligenschein (lat.: *nimbus*), angetan mit einem Messgewand, über das er das weiße Omophorion trägt. In seiner mit dem Messgewand verhüllten linken Hand hält er ein Buch, die Heilige Schrift, die rechte Hand ist zur byzantinischen Segensgeste erhoben – der Ringfinger ist gegen den Daumen gebeugt. Dieser östliche Bildtypus scheint südlich und nördlich der Alpen die bildliche Darstellung des Heiligen eingeleitet zu haben, bis sich ein neuer Darstellungstyp durchzusetzen begann.

Wir wissen heute, dass die Aachener Nikolaus-Ikone weder aus dem Brautschatz der Theophanu, noch von dem legendären Gründerabt Gregor, angeblich ein griechischer Kaisersohn, stammt, sondern als „Import-Ikone“ um 1220 nach Aachen kam, vielleicht aber auch etwas früher. Eine gewisse Wahrscheinlichkeit spricht dafür, dass dies im Zusammenhang mit der Übergabe des Klosters von den Benediktinern an die Zisterzienserinnen geschah, weil der im rheinischen Raum angefertigte Rahmen der Ikone auf dieses Ereignis Bezug nimmt. Wenn auch die Annahme, die Aachener Nikolaus-Ikone stamme aus Theophanus Brautschatz, nicht stimmt, so ist in der Behauptung aber die Verbindung zwischen Theophanu und Nikolaus über Generationen transportiert worden, während der von Cäsarius von Heisterbach in seiner Legende behauptete Ursprung der Ikone bei einem griechischen Gründerabt nur auf Griechenland als Ursprungsort der Ikone verweist.

Aber nicht nur die Burtscheider (heute Aachen-Burtscheider) Stiftung belegt die Förderung der Nikolaus-Verehrung durch Theophanu und ihre Familie. Das 1005 zu Aachen gegründete Nikolaus-Kollegiatstift, das 1024 ebenfalls als Memoriale für Theophanu gegründete Nikolaus-Kloster Brauweiler, das Nikolaus-Patrozinium des Bamberger Domes bei seiner Weihe am 6. Mai 1012, aber auch die ottonischen Klostergründungen in Traben an der Mosel, Quedlinburg und Magdeburg benennen stets Nikolaus als Patron. Im Valkhof zu Nimwegen, wo Kaiserin Theophanu 991 starb, errichteten die Ottonen zwischen 1002 und 1039 eine oktogonale Nikolaus-Kapelle als Theophanu-Memoriale. Möglicherweise waren hier, am Sterbeort der Kaiserin, ihre *viscera* (lat.: Eingeweide) beigesetzt worden, während ihr *corpus* in St. Pantaleon in Köln beigesetzt wurde, wo er bis heute ruht.

Während der ottonischen Herrschaft wurde die Kenntnis von Nikolaus von Myra zum gesamteuropäischen Gemeingut. So wie südlich der Alpen Apulien und der Großraum Neapel zu Zentren der Nikolaus-Verehrung wurden, so nördlich der Alpen das Rheinland, die Maasregion, Lothringen und die Normandie. Im 11. Jahrhundert waren Nikolaus und seine Stratelatenlegende im Osten und Westen gleichermaßen bekannt, und die kultische Verehrung am 6. Dezember war allgemein verbreitet. Die volkstümliche Verehrung des Heiligen durch unterschiedliche Brauchformen setzte aber erst nach der Reliquientranslation vom kleinasiatischen Myra nach dem italienischen Bari ein.

Ketten waren die Devotionalien, die die Pilger in Port (s. auch weiter oben. S. 41) dem heiligen Nikolaus darbrachten. Man darf sicher sein, dass dies nicht nur Ketten waren, mit denen Christen von Muslimen gefesselt worden waren. Die Ketten waren Symbol für vielfältige Formen des Gefangenseins: durch Krankheit oder andere Bedingungen.

Im Laufe der Jahrhunderte hat diese Kirche viel erlebt. 1477 ernennt René II., Herzog von Lothringen, Nikolaus – nach der gewonnenen Schlacht von Nancy und ihrer Belagerung durch die Truppen Karls des Kühnen – zum Schutzpatron von Lothringen.

Die Wunder des hl. Nikolaus scheinen aber nicht allein der Vergangenheit anzugehören. Camille Croué-Friedmann aus Saint-Nicolas-de-Port reiste um die Welt, als sie 1933 auf einem Schiff in der Nähe von Zypern durch ein furchtbares Unwetter in Seenot geriet. Damals versprach Camille dem heiligen Nikolaus eine Spende, sollte sie das Glück haben, ihr Abenteuer lebend zu überstehen. Im Laufe ihres Lebens und testamentarisch spendete sie dann rund 7 Millionen Dollar zur Restaurierung der Nikolaus-Basilika. Die durch Plünderungen, Brände und Kriegseinwirkungen beschädigte Kirche konnte so wieder restauriert werden.

Wenn der Kult wirklich Legenden schafft, so liefert diese lothringische Legende nach, was in Saint-Nicolas-du-Port lange schon üblich war. Bereits aus dem Jahr 1464 wird glaubhaft überliefert, dass die Kirche derart voller Ketten angeblich befreiter Gefangener hing, dass wohl fünfzig Wagen nicht ausgereicht hätten, diese Ketten abzutransportieren. Ursächlich für diese große Kettenzahl mögen aber nicht nur die damaligen rauen Zeitverhältnisse gewesen sein, auch im übertragenen Sinn kann sich der Mensch verketten und versklavt in seinem Dasein befinden und – erfolgreich – um Befreiung flehen. Allegorische Befreiungsakte und symbolische Kettenübergaben sind sicherlich in Lothringen nicht ausgeschlossen gewesen.

Aber auch Abertausende von Wallfahrern, Figuralprozessionen, Votivgaben und ökonomische Geschäftstüchtigkeit können den Auslöser und Transmissionsriemen der lothringischen Nikolaus-Verehrung nicht aus dem Zentrum rücken: die Fingerreliquie des Heiligen. Das 1471 gestiftete kostbare Armreliquiar ist zwar der Goldgier der Französischen Revolution zum Opfer gefallen. Die neugotische Replik des Reliquiars aus dem 19. Jahrhundert ist nur ein schwacher Trost für diesen Verlust, sie enthält aber dafür die alte Reliquie.

Seine große Blüte erlebte der abendländische Nikolauskult im 13. bis zum 16. Jahrhundert. Ob Ursache oder Auswirkung für die Ausfaltung: 1222, als das Konzil von Oxford den kirchlichen Festkalender neu strukturierte und die Feste in drei Klassen einteilte, wurde der Nikolaustag ein Fest der ersten Klasse. Belege für den dem Heiligen zugewiesenen außerordentlichen Rang liefern die Heiligenkataloge, die mit Nikolaus im Advent das Kirchenjahr eröffnen, die europaweite Popularität des Namens Nikolaus und Klaus, die riesige Zahl der Altäre, Kirchen und Klöster, Benefizien und Bruderschaften, Zünfte und Gilden, Berufsgruppen und Schicksalsgenossen, die den Heiligen zum Patron gewählt hatten. Allein die Gesamtzahl der Nikolaus-Kirchenpatrozinien dürfte sich nach Schätzungen von Fachleuten im Mittelalter mindestens zwischen 4000 und 5000 bewegt haben.

Als Patron der Seefahrer und Binnenschiffer haben sich Nikolaus-Kirchen in vielen Küstenstädten, Binnenhafenstädten und in Städten an Binnenseen gegründet. Noch heute grüßt eine Nikolaus-Statue an der Kölner Hafeneinfahrt, sind die jährlichen Wallfahrten der Rheinschiffer nach Maria Lyskirchen in Köln und die Festoktav in Brauweiler bei Köln unvergessen. Nicht ohne Grund wird die damalige Gaststätte in der Nähe der Brauweiler Wallfahrtsstätte im Binnenland den Namen „Zum Anker" geführt haben! Das Schifferpatronat des Nikolaus gilt bis in die Gegenwart und hat erheblich zur Ausbreitung des Nikolaus-Kultes beigetragen: Mit der Hanse drang der Nikolaus-Kult zum Norden und Osten vor, mit den Bootsleuten und ihrer Angewiesenheit auf Hilfe in der Not kam Nikolaus sprichwörtlich in alle Welt.

Diese Weltläufigkeit führte auch dazu, dass sich der heilige Nikolaus in zwei verschiedenen Gestalten selbst begegnete: Der westliche Nikolaus-Typ, den die Hanse in ihren Niederlassungen auch im Osten Europas mit sich führte, stieß hier auf den *hagios Nikolaos* der Ostkirche.

Die Ausfaltung der profanen auf Kosten der sakralen Nikolaus-Verehrung, der Rückgang der religiösen Verehrung des Heiligen und seines kirchlichen Kultes zu Gunsten volkstümlicher Brauchformen, erfolgt ab dem 16./17. Jahrhundert. Sind 1600 noch rund 200.000 Pilger für Saint-Nicolas-du-Port in Lothringen nachzuweisen, so wirkt der Ort kaum eine Generation später wie verlassen. Gründe hierfür liefert nicht allein der Dreißigjährige Krieg, sondern auch ein Wandel der kirchlichen Auffassungen. Im Protestantismus verloren die Heiligen ihre Daseinsberechtigung als Gnadenmittler. Wenn allein der Glaube (*sola fide*) Gnade bewirken kann, sind Heilige überflüssig. Nach reformatorischer Lehre braucht der Mensch weder gute Werke (z. B. Almosengeben) noch Heilsmittler (z. B. Heilige), um die Gnade Gottes zu erwerben. Martin Luther selbst scheint dies für seine Familie nicht ganz konsequent durchgehalten zu haben; es lässt sich nachweisen, dass er noch 1535 Nikolaus-Geschenke in der Familie verteilt hat. In der katholischen Kirche wurde die Heilsmittlertätigkeit der Heiligen zwar nicht aufgegeben, doch begann sich mit dem Konzil von Trient ein neuer „Heiligentyp" durchzusetzen, der durch sein eigenes Leben ein Beispiel dafür gab, wie man selbst sein Leben in den Griff nehmen muss. Die Heiligen Ignatius von Loyola (1491–1156), der Gründer der Jesuiten, oder Karl Borromäus (1538–1584), reformfreudiger Bischof von Mailand, bieten Beispiele dafür, wie man erfolgreich und tatkräftig in dieser Welt handeln kann, ohne der Illusion zu erliegen, man würde schon in dieser Welt das Paradies verwirklichen können. Renaissance und Aufklärung taten ebenfalls ihren Teil, um die mittelalterliche Heiligenverehrung schon im 16./17. Jahrhundert als gestrig aussehen zu lassen.

Ganz entscheidend hat der Nikolaus-Kult aber unter der Reformation gelitten. Weil Luther den Heiligenkult bekämpfte, suchte er den heiligen Nikolaus „arbeitslos" zu machen: Er verlegte den Schenktermin auf Weihnachten. Statt des heiligen Nikolaus war nun das „Christkind" – eine ikonografische Unperson – die Schenkfigur. Da bekanntlich die Gesetzgebung der Wirklichkeit immer nachhinkt und die Kirche, die ja schließlich in Jahrhunderten denkt, deshalb nicht zu übermäßiger Eile gezwungen ist, hat es einige Zeit gedauert, bis die Entwicklung rechtliche Konsequenzen hatte. Am 14. Februar 1969 approbierte Papst Paul VI. schließlich die Neuordnung des Kirchenjahres. Der Gedenktag für den heiligen Nikolaus am 6. Dezember als allgemein gebotener Feiertag wurde aus dem römischen Generalkalender gestrichen. Hintergrund für diese Rücknahme dürfte sicher einerseits die Anerkenntnis des wissenschaftlichen Befundes über die historische Realität des Heiligen gewesen sein (bei dieser Maßnahme wurden auch die Feiertage der heiligen Georg und Christophorus gestrichen), andererseits hatte das Zweite Vatikanische Konzil eine stärkere christologische Ausrichtung des Kirchenjahres gewünscht. In der Folge wurden die Herrenfeste gestärkt, die Heiligenfeste dezimiert und regionalisiert. Aber auch der am 21. September 1972 von der Vatikanischen Gottesdienstkommission konfirmierte Regionalkalender für den deutschen Sprachraum führt einen Nikolaustag als gebotenen Gedenktag nicht mehr auf. Jedoch, und das wissen christliche Rheinländer schließlich ganz genau: Was nicht mehr geboten ist, ist deshalb noch lange nicht verboten.

Die katholische Kirche hat die kultische Verehrung des heiligen Nikolaus, die nicht verboten wurde, sondern deren weltweite Verpflichtung dazu nur fallengelassen wurde, vom Brauchtum am Nikolaustag – wenigstens offiziell – abgekoppelt.

Der Vorname Nikolaus findet sich in zahlreichen Variationen im Deutschen und im Ausland. Aus dem Vornamen ist ein weit verbreiteter Familienname geworden. Und viele Kirchen, Orte und Landschaften haben den Namen des Heiligen gewählt.

Der deutsche Name Nikolaus ist griechischen Ursprungs und lautet im Griechischen Nikolaos, zusammengesetzt aus *nike* = Sieg und *laos* = Volk. Nikolaus wird meist übersetzt als „Sieg des Volkes". Nikolaus ist ein männlicher Vorname und zugleich auch ein Familienname. Weibliche Synonyme sind: Nikole, Nikola, Nicole, Nicola.

Der Rufname Nikolaus wird mit dem Bischof Nikolaus populär. Die Zahl der Namensträger wächst ab dem 6. Jahrhundert – zunächst in Kleinasien, dann in Italien, Gallien und Deutschland. Im Mittelalter wird Nikolaus Patron der Schüler, der Hanse und zahlreicher Städte. Im Mittelalter hießen bis zu einem Viertel alles Männer Nikolaus. Für Nikolaus entstehen zahlreiche Kurzformen:

Claas
Claus, Clau
Col, Colin
Kiko, Koko
Klaas
Klas
Klaus
Kolja, Kolya, Kolyo
Nich-o, Nikos, Nis, Nisse, Niggo, Nigi
Nici, Nicci, Nick, Nicki, Nicky, Niki, Nikki, Nikky
Nico, Nicu, Niko
Niggi, Niggel, Niggels, Nigu
Nik, Nikita, Niclas, Niklas
Nike
Nils, Niels
Nini, Nino

Bis zum 20. Jahrhundert war in Deutschland Klaus ein häufiger Vorname. Zurzeit ist Niklas populär.

In anderen Sprachen Europas entstanden:

Miklas – slawisch
Miklavž – slowenisch
Mikławš – obersorbisch
Miklós – ungarisch
Mikołaj – polnisch

Mikula, Nikola – kroatisch
Mikuláš – Mikulas – tschechisch, slowakisch
Mikalojus – litauisch
Néckel/Kleeschen/Zinniklos – luxemburgisch
Niccolò, Nicola – italienisch
Nicholas – englisch
Niclo – rätoromanisch
Nicol – schottisch
Nicola, Nicolò – italienisch
Nicolà, Clà, Clau – rätoromanisch
Nicolae – rumänisch
Nicolaas – niederländisch
Nicolas – französisch
Nicolás – spanisch
Nicolau – katalanisch
Nicolau – portugiesisch
Nicolaus – lateinisch
Niculin – romanisch
Nicolussi – italienisch
Niklaas – belgisch
Niklas/Niclas/Nicklas – schwedisch
Nikola – bulgarisch, serbisch, kroatisch
Nikolai/Nicolai, Nikolaj/Kurzform: Kolja – russisch
Nikolaos/Nikólaos/Kurzformen: Nikos, Nikolas – griechisch
Nikolina – bosnisch, kroatisch, serbisch
Nikoll/Nikollë/Nikolla – albanisch
Nikolos – georgisch
Niels – dänisch
Nicolas – irisch

Im deutschen Sprachraum gibt es rund 10.000 Familiennamen, die sich auf Nikolaus zurückführen lassen. Das hat die Freiburger Germanistin Kathrin Dräger 2012 in ihrer Dissertation nachgewiesen (Dräger 2013). Beispiele für die Patronyme (Familiennamen, die auf einen Rufnamen zurückgehen) sind für Nikolaus u. a.

Nickel, Nückel, Ni(e)tzsche, Klaus, Glass, Klaas, Klews, Klosa, Klose, Clau(s/ss/ß)en, Clasen und Klassen. Etwa 300.000 Personen in Deutschland tragen einen so mit Nikolaus verbundenen Familiennamen.

Ungezählt sind die Ortsnamen und geografischen Bezeichnungen, die auf Nikolaus zurückgehen. Die Nikolaiviertel in Berlin und Hamburg sind dafür ebenso Belege wie die belgische Stadt Sint-Niklaas in Ostflandern.

Mit der Verbreitung der Reliquien des hl. Nikolaus vor allem im 12. und 13. Jahrhundert wurde der Heilige populär und gerne zum Kirchen- oder Pfarrpatron gewählt. Einige hundert Kirchen in Deutschland, aber auch in Österreich, der Schweiz, Albanien, Belgien, Bulgarien, Dänemark, Estland, Finnland, Frankreich, Griechenland, Irland, Italien, Kasachstan, Litauen, Niederlande, Norwegen, Polen, Rumänien, Russland, Schweden, Serbien, Slowakei, Slowenien, Spanien, Tschechien, Türkei, Ukraine, Ungarn, Venezuela, Großbritannien und den USA haben den heiligen Nikolaus zu ihrem Patron gewählt.

In Kleinasien und Italien formen die Legenden, die Nikolaus als Beschützer der Seefahrer zeigen, den Heiligen zum Schifferpatron. Die Hanse, eine Vereinigung von Kaufleuten seit der Mitte des 12. Jahrhunderts, die über Wasser reisen, wählt Nikolaus zum Patron. Das Gleiche gilt für die Kaufmannsgilden, die überwiegend Nikolaus zum Patron erwählten. Auf vielen Brücken, an vielen Hafeneinfahrten stand oder steht Nikolaus als Schutzpatron, eine Rolle, in der er seit dem 18. Jahrhundert dann durch den heiligen Johannes Nepomuk abgelöst wurde.

Auf dem Weg von Myra nach Saint-Nicolas-de-Port wird aus dem Überheiligen ein Gefangenenbefreier, ein Schiffer- und Hansepatron und schließlich ein Patron der Kinder. Die Hanse machte Nikolaus nicht nur zu ihrem Patron, sondern auch zum Patron der Kirchen, die sie an ihren Handelsniederlassungen baute. Es sind die Nikolaikirchen. Die Legenden des heiligen Nikolaus erzählen, wie er Seefahrern und Schiffbrüchigen geholfen hat. Darum wurde Nikolaus Patron der See- und Flussschiffer. Als die Reliquien des Heiligen 1087 in Myra geraubt und nach Bari gebracht wurden, stieg seine Popularität ungeheuer an. Auch die zur Mitte des 12. Jahrhunderts gegründete Hanse, eine Vereinigung von niederdeutschen Kaufleuten, wählte Nikolaus zum Patron, der sie auf ihren Handelsreisen per Schiff beschützen sollte. In den Kaufmannssiedlungen entlang des Handelsweges kürten die Kaufleute für die dort gegründeten Kirchen auch Nikolaus zum Patron. Und als sich die „Kaufmannshanse" um die Mitte des 14. Jahrhunderts zu einer „Städtehanse" wandelte, übernahmen die Städte nicht nur die Farben der Hanse (weiß/rot), sondern auch den Patron Nikolaus, der sich dargestellt als Plastik in den Häfen und als Kirchen- und Klosterpatron wiederfindet. Und bevor Johannes Nepomuk im 18. Jahrhundert anlässlich seiner Heiligsprechung weltbekannt wurde, standen Abbildungen des heiligen Nikolaus auf vielen Brücken. Und wo man kein Geld für eine Statue des damals modernen heiligen Johannes Nepomuk hatte, blieb der heilige Nikolaus einfach stehen – oft bis heutzutage.

Möglich wurde auf diese Weise auch eine Begegnung der besonderen Art: Der im Westen als westlicher Bischof dargestellte Nikolaus begegnete durch die Hanse im russischen Nowgorod seinem östlichen Pendant: Die russisch-orthodoxen Christen stellten Nikolaus parallel als orthodoxen Bischof dar.

Die Hanse ist lange untergegangen. Ihre Farben sind geblieben, auch wenn sie nicht mehr als Hansefarben bezeichnet werden. „Rut un wiess es unser Fahn" singt die Kölner Kultband Bläck Fööss und versteigt sich kölnbesoffen zu „Rut und wiess wie lieb ich dich". Rot und weiß ist aber die Fahne nicht nur in Köln, auch viele andere Städte führen diese Farbkombination fort. Die Ikonografie des heiligen Nikolaus nimmt die Farbkombination gerne auf, wenn der Bischof über seiner „weißen Albe" (eine im Deutschen kaum erkennbare Doppelung, denn das lateinische „alba" bedeutet gleichfalls weiß) einen roten Chormantel trägt.

Das Nikolaus-Brauchtum

Das Mittelalter kannte nur ein Fest, an dem es für kleine Kinder – und sonst für niemanden – kleine Geschenke gab: Das Fest der Unschuldigen Kinder am 28. Dezember. Hier war der Name das Programm. In fröhlichem Missverständnis der Bezeichnung „unschuldig" – schließlich ging es bei diesen Kindern in Betlehem nicht um Freiheit von Schuld – lag der Fokus des Geschehens auf der Belohnung der braven Kinder. Im 12. Jahrhundert löste sich allmählich das Kinderbeschenken vom Fest der Unschuldigen Kinder und wanderte auf den Nikolausabend, den 5. Dezember.

Für die Elite der älteren Kinder, die eine Schule besuchen durften, was nur für einen Bruchteil der Kinder zutraf, gab es ein anderes Fest. Auch dieses Fest löste sich vom 28. Dezember und wanderte zum Nikolausfest. Gemeint ist das Schülerbischofsspiel.

Ausgelöst wurden einst nahezu alle adventlichen Nikolaus-Bräuche in den Dom-, Stifts- und Klosterschulen Nordfrankreichs. Nach der Entstehung der Nikolaus-Schülerlegende im 12. Jahrhundert verlagerte sich das Knabenbischofsspiel, das viel älter ist und ursprünglich am Fest der Unschuldigen Kinder (28. Dezember) als Narren- und Eselsfest gefeiert wurde und anormale Formen der Ausgelassenheit zuließ, auf Nikolaus. Quellen dieses Spiels sind wahrscheinlich das orientalische Narrenkönigtum, die römischen Saturnalien und keltische Tiervermummungen. Bei den römischen Saturnalien, die vom 17. bis zum 24. Dezember als Fest der „verkehrten Welt" gefeiert wurden, waren die Verhältnisse auf den Kopf gestellt: Die Herren bedienten bei festlichen Gelagen ihre Sklaven und schenkten sich gegenseitig Kerzen und Püppchen aus Ton und Wachs.

Das *ludus episcopi puerorum* oder Kinderbischofsspiel, Knabenbischofsspiel, Schülerbischofsspiel oder – in Klöstern – Kinderabtspiel scheint sehr alt zu sein. Bereits 867/870, auf dem Konzil von Konstantinopel, wird das *festum puerorum*, *festum stultorum* oder *fêtes des fous* verboten. Es ist also bereits vor dem Nikolaus-Brauchtum bekannt und vermischt sich dann damit. Ursprünglich wurde dieses Spiel am Tag der Unschuldigen Kinder gefeiert. Aber weder das Verbot des Konzils von Konstantinopel noch die Verbote der Konzilien von Basel oder Trient haben das „Spiel der umgekehrten Ordnung" abschaffen können. Im 11. Jahrhundert lässt sich das *festum puerorum* im Abendland, in Rouen, erstmals konkret nachweisen und hält sich dort bis in das 18. Jahrhundert. Seit dem 13. Jahrhundert, mit der Popularität des Nikolaus als Schülerpatron, bürgert sich der 6. Dezember als Festauftakt ein, wobei die gesamte Feier entweder bis zum 28. Dezember dauert oder aber am 28. Dezember abschließende Feierlichkeiten stattfinden. Das eigentliche Spiel besteht darin, dass die Schüler an Kloster-, Stifts- oder Domschulen, mancherorts sogar die Kleriker selbst, einen „Abt" oder „Bischof" wählten, der ein pompöses Fest und prunkhafte Umzüge durchführt.

Mancherorts wurde bei diesen Feiern die Liturgie nicht ausgespart: In den Kirchen fanden Feiern unter Leitung des Kinderbischofs statt. Ausgestattet war der Knabenbischof wie ein echter Bischof: mit Chorkleidung, Mitra und Stab. Zum Teil oder aber für eine bestimmte Zeit galt auch die Regel, dass die eigentlichen Bischöfe den Anordnungen der Knabenbischöfe zu folgen hatten. Einige Fachleute nehmen als Auslöser dieser Brauchtumsformen liturgische Festtagstexte an. Unter Hinweis auf das „Magnifikat", in dem es heißt: „... er stürzt die Mächtigen vom Thron und erhöht die Niedrigen" (vgl. Lukas 1,52; Ezechiel 21,31; Psalm 147,6; Ijob 5,11; 12,19), wird ein Bezug zwischen dem Knabenbischofsspiel und dem Magnifikat hergestellt. Das Magnifikat ist jedoch kein typisches Gebet am Fest der Unschuldigen Kinder. Mit der gleichen Berechtigung ließe sich verweisen auf Matthäus 23,12: „Wer sich selbst erhöht, wird erniedrigt, und wer sich selbst erniedrigt, wird erhöht werden." (vgl. Lukas 14,11; 18,14) Es ist wahrscheinlicher, dass eines der Tagesgebete aus der Liturgie, die nur am Fest der Unschuldigen Kinder gebetet wurden, Auslöser war. Vor der jüngsten Liturgiereform hieß es zum Beispiel im Introitus: „Aus dem Mund von Kindern und Säuglingen, o Gott, verschaffst du dir Lob, deinen Feinden zum Trotz." (Psalm 8, 2) Oder in der Oratio: „Gott, am heutigen Tage haben die Unschuldigen

Kinder dein Lob verkündet ..." Im Advent gab es im Mittelalter den dem Knabenbischofsspiel vergleichbaren Brauch, dass an bestimmten Tagen die Knechte und Mägde das „Sagen" hatten und die Rolle der Herrschaft spielten, während diese die Rolle der Mägde und Knechte übernahm. Bei dieser Gelegenheit wurde ein würziger Fladenkuchen, der Lebkuchen, gebacken und verteilt. Auch Arme erhielten ihn als Geschenk.

In Deutschland scheint sich das Bischofsspiel seit dem Ende des 13. Jahrhunderts immer mehr auf den Nikolaustag, den 6. Dezember, verlagert zu haben. Im 14. Jahrhundert hatte sich der Nikolaustag gegen das Fest der Unschuldigen Kinder durchgesetzt. Oft wurde an diesem Tag der „Bischof" gewählt und inthronisiert und waltete bis zum Fest Unschuldige Kinder seines Amtes. Die Stadtrechnungen von Geldern verzeichnen von 1492 bis 1594 Kosten für den „klercken bisschop op avent Nicolai". Das Xantener Stiftskapitel bestimmte 1265, dass der Kinderbischof zwar auf Nikolaus gewählt werden, aber erst an der Vigil und während der Oktav des Festes der Unschuldigen Kinder seines Amtes walten durfte: Die Scholaren pflegten hier am Fest des heiligen Nikolaus einen Bischof aus ihrer Mitte zu wählen, den sie nach Hause begleiteten. Am Tag vor dem Fest der Unschuldigen Kinder und während der Oktav sollten sie den Bischof zum Chor führen, um die Mette zu singen. Seine Eltern waren nicht verpflichtet, Äpfel, Handschuhe oder andere kleine Geschenke zu geben, Mittags- oder Abendmahlzeiten zu veranstalten. Ebenso sollte der Bischof nicht wie bisher gezwungen sein, herumzureisen, seine Verwandten einzuladen oder ein Gastmahl zu halten. Aber am Fest der Unschuldigen Kinder sollten die Schüler nicht nur die Schulmeister, sondern auch die Choralen zum Frühstück einladen und ihnen auch am Vorabend dieses Festes und an der Oktav zwölf Krüge Bier und genauso viele Heringe, sowie Obst und die erforderlichen Nüsse darbieten.

Die kleineren Kinder und die, die keine Schulen besuchen konnten, erhielten am Nikolausabend (5. Dezember) Besuch von Nikolaus, der aber nicht sichtbar in Erscheinung trat. In der ersten Phase des Nikolaus-Brauchtums hinterließ der Heilige den Kindern Gebäck, Süßigkeiten und Obst. Diese erste Phase der Nikolaus-Bescherung wird „Einstreubrauch“ genannt: Nikolaus warf seine Geschenke in den Raum, und jedes Kind durfte sich bedienen. Für 1836 wird aus Münster berichtet, dass dort die Waisenkinder der Stadt in der früheren Nikolaus- Kapelle auf dem Domhof versammelt wurden; durch eine Öffnung im Gewölbe regneten Gaben auf die Kinder herab. Dieser Form des Nikolaus-Brauchtums entsprach in Holland dem Korbschüttetag. Hier stellten die Kinder die gesammelten Äpfel, Nüsse und das Gebäck in Körben dicht neben das Feuer. Sobald die Körbe Feuer zu fangen drohten, wurden sie ausgeschüttet, und alle Kinder stürzten sich auf die Gaben. Die brennenden Körbe sind dabei Symbole des vergangenen Sommers, der nun unwiederbringlich „verbrannt“ ist, der aber seine Früchte ausgeschüttet hat.

Der Einstreubrauch hat nicht immer jeden erfreut, denn die Streitigkeiten darum, wem denn nun was zustand, waren nicht immer ein Vergnügen. Die größten Kinder hatten am schnellsten das meiste gegrapscht, während die Kleinen das Nachsehen hatten, dafür aber am längsten weinten. Deshalb entwickelte sich nun die zweite Phase der Nikolaus-Bescherung, der „Einlegebrauch“. Nikolaus legte nun seine Geschenke in die Schuhe der einzelnen Kinder, die diese mit Leckereien für den Esel des Nikolaus vor die Tür gestellt hatten. Statt der Schuhe – das waren wohl meist Holzschuhe – entwickelte sich das Nikolaus-Schiffchen, ein von den Kindern gebastelter Gabenteller. Das Schiffchensetzen ist mindestens seit dem 15. Jahrhundert bekannt. Hintergrund dieses Brauchs ist das Schifferpatronat des Heiligen. Eine dritte Möglichkeit boten die Strümpfe oder Strumpfhosen der Kinder, die sich auch individuell als Gaben-Sammelort zuordnen ließen.

Die vor allen Dingen im angelsächsischen Lebensraum verbreitete und in andere Bereiche importierte Sitte, wonach der ungesehene nächtliche Besucher Nikolaus seine Geschenke und Naschereien in Schuhe und Strümpfe steckte, empfanden manche als schlicht eklig. Nicht einmal hygienische Gesichtspunkte mögen hier primär mitspielen. Unreflektiert kann auch die empörte Grundannahme gelten, dass „größere Geschenke" in so kleinen Behältnissen doch keinen Platz finden! Der Brauch, die Gaben in ein eigenes Gefäß oder Behältnis zu legen (der Gabenteller hat in mehrfacher Hinsicht seine Nähe zu einer „Opferschale"), ist so jung wie der Besitz solcher Gerätschaften in bürgerlichen Haushalten. Der mittelalterliche Mensch besaß kaum Schüsseln, keine individuellen Essteller. Man aß „aus einer Schüssel", verfügte vielleicht über eine Aushöhlung im Holztisch. Sollten aber nachts Gaben durch einen unsichtbaren Nikolaus individuell zugewiesen werden, was lag da näher als persönliche Kleidungsstücke zu benutzen, die zum Trocknen aufgehängt oder aufgestellt waren: Strümpfe und Schuhe. Hinsichtlich eines eventuellen Naserümpfens wegen jener neuzeitlichen „Erfindung" namens Hygiene konterte man nicht anders, als wie man es heute noch im Rheinland hören kann: „Nu sit doch nit esu!" – was sich mit „Stell dich nicht so an" nur unvollkommen übersetzen lässt. Individuelle Behältnisse für Nikolausgeschenke, ob Strümpfe, Schuhe, Nikolaus-Schiff oder Gabenteller, kennzeichnen die Nikolaus-Brauchtumsphase nach den Wurf- und Streuabenden, also die Zeit des Einlege- und des Einkehrbrauches.

Das heimliche Einlegen von Äpfeln, Nüssen und Süßigkeiten in der Nacht vom 5. auf den 6. Dezember, dem heiligen Nikolaus zugeschrieben, hat selbst Martin Luther noch bis 1535 in seiner Familie praktiziert. Mit der Verlegung des Schenktermins auf Weihnachten fiel der Brauch jedoch in den meisten protestantischen Regionen fort oder übertrug sich auf Weihnachten und das Christkind. Der Einlegebrauch scheint sich im Abendland mit der Schülerlegende entwickelt zu haben und parallel zum *ludus episcopi puerorum* aufzutreten.

Das „Einlegen" der Gaben ist abgeleitet von dem legendären „Einlegen" der Goldklumpen in das Haus der drei Mädchen. Das durch den Kamin eingeworfene/eingelegte Gold hat sich nach alter Tradition in den am Kamin zum Trocknen aufgehängten Strümpfen der Mädchen verfangen. Im angelsächsischen Einflussbereich sind deshalb Strümpfe oder Schuhe – schlaue Kinder verwenden auch deshalb voluminösere Stiefel – gängige „Empfangsbehälter". In katholischen Regionen wurde im 17. Jahrhundert der Einlegebrauch durch den Einkehrbrauch abgelöst.

Der Einkehrbrauch ist die dritte Stufe des Nikolaus-Brauchtums. Er entsteht in Reaktion auf die reformatorische Nikolaus-Kritik und gründet auf den Bestimmungen des Konzils von Trient (1545–1563), das sich mit der Reformation befasst hatte. Das Konzil hatte verfügt, dass jeder Bischof jede Pfarrei seines Bistums besuchen muss, um sich über den Stand der dortigen Seelsorge zu informieren. Die Visite des Bischofs wurde zur „Visitation"; und der Besuch diente der strengen Bestandsaufnahme. Die im Kirchenrecht vorgeschriebene Besuchsverpflichtung des Diözesanbischofs wurde im Brauchtum zum Vorbild des Einkehrbrauchs.

Wenn auch die kultisch-religiöse Bedeutung des heiligen Nikolaus seit dem 16./17. Jahrhundert immer mehr abnahm, prosperierte die volkstümliche Bedeutung, und damit nahm die profane Verwendung von Nikolaus immer mehr zu. Der Niedergang des Knabenbischofsspiels seit dem 15. Jahrhundert beschädigte den Nikolaustag als Schenktermin in katholischen Gegenden noch nicht, im Gegenteil: Hatte die Reformation die Knabenbischöfe in Misskredit gebracht, so entwickelte die Gegenreformation aus dem Grundelement des schenkenden Kinderfreundes ein neues Muster. Die bischöflichen Geschenke, durchaus als Belohnung gedacht, wurden in ein Ritual eingebaut, das zum Ziel hatte, eindrucksvoll unter Beweis zu stellen, dass Gott alles sieht und die Guten nicht erst im Jenseits, sondern auch schon im Diesseits belohnt. Der katechetisch-pädagogische Einkehrbrauch, der sich in manchen Varianten bis heute gehalten hat, war kreiert. In evangelischen Gegenden wurden die Nikolausbräuche dagegen verboten: Aus Straßburg ist z. B. für 1570 ein Ratsbeschluss bekannt, demzufolge die Bescherung durch den heiligen Nikolaus untersagt wurde.

Das Nikolausfest wurde jetzt nicht mehr als ein öffentliches Spiel inszeniert, sondern die Inszenierung wurde ins Private, in die einzelnen Familien verlegt. Waren beim *ludus episcopi puerorum* die Erwachsenen gezwungen, vor dem Schülerbischof zu erscheinen und die Bestrafung durch einen Knecht zu erleiden, wurden beim Einkehrbrauch, einem Darstellungsspiel, die Verhältnisse umgekehrt: Nikolaus kam zu einem Schuldkapitel über die Kinder. Wie bei der Taufkatechese wurde das religiöse Wissen abgefragt. Erhalten blieben die Belohnung und die Bestrafung.

Das „Gericht", das Nikolaus abhielt, spiegelt im Diesseits das Weltgericht Gottes in der Ewigkeit wider. Ausgelöst bzw. verankert kann der Einkehrbrauch in der Epistel des Nikolaustages sein, in der – vor der Liturgiereform – auf die Richtschnur des heiligen Nikolaus verwiesen wurde, zwischen Gut und Böse zu unterscheiden: „Gedenket eurer Vorsteher, die euch das Wort Gottes verkündet haben! Schauet auf den Ausgang ihres Lebens und ahmt ihren Glauben nach." (Hebräer 13,17) Das Evangelium vom Nikolaustag war das Gleichnis von den Talenten (Matthäus 25,14–23). Wie im Gleichnis der Herr Rechenschaft von seinen Knechten fordert, fragte der als heiliger Nikolaus einkehrende Erwachsene die Kinder das gelernte Glaubenswissen ab, belohnte die Fleißigen und strafte die Faulen („gegenreformatorische Adventspädagogik", Werner Mezger).

Einen bemerkenswerten Einblick in ein solches Kinderexamen mit erhobenem Zeigefinger gewährt eine Predigt des Abraham a Santa Clara (1644–1709), die nach seinem Tod 1729 in einer Predigtsammlung herausgegeben wurde. Dort führt der berühmte Hofprediger aus:

„Es ist eine uralte Gewohnheit, dass der Nikolaus Geschenke bringt. Er kommt aber eine Nacht vorher, um die Kinder zu prüfen und zu examinieren, ob sie auch durch ihre Herren Lehrmeister, Hofmeister, Schulmeister, Sprachmeister und andere Informationsräte gut unterwiesen sind in Glaubenssachen, im Buchstabieren, Silbenteilen, Lesen und Schreiben. Im Rechnen? In Sprachen? Ebenso fragt der Nikolaus: Wie sich die Kinder das ganze Jahr hindurch verhalten haben? Ob sie gern beten? Den El-

tern und Lehrern gehorsam sind? Ob zum Beispiel der Hanserl und der Paul nicht zu faul? Ob der Franzerl und der Ignazerl kein schlimmes Fratzerl? Ob der Michel und der Stix vielleicht gelernet nix? Ob das Kätherl gern beim Räderl? Ob die Sabindl gern bei der Spindl? Ob das Liserl und Thereserl nicht etwa sind zwei junge Eserl? Das alles fragt der Nikolaus."

Der Einkehrbrauch hat durch die vielfach komödienhafte Inszenierung und die Ausnutzung als „Angstmacher" gelitten. Dennoch hat sich der Einkehrbrauch nicht überlebt, vielerorts wird er noch inszeniert. Auch heute noch kann man den Einkehrbrauch verantwortlich inszenieren, wenn man mit dem Brauch keine Angst auslöst und die Kinder die Güte des Heiligen erleben lässt. Gemäß pädagogischer Erkenntnisse sollte das Gute verstärkt und das Nicht-so-Gute negiert werden. Es empfiehlt sich, eine den Kindern bekannte Person als „Nikolaus" einzusetzen.

Die nachtridentinische Verwendung des Nikolaus als religionspädagogischer Zeigefinger hat offensichtlich vielen nicht gereicht. Im Laufe der Jahre wurde ihm eine Kontrastfigur zur Seite gestellt, der je nach Region einen anderen Namen trug:

Relativ weit verbreitet ist der Name Knecht Ruprecht, rauer Knecht Ruprecht oder rauer Percht. Der letzte Begriff „Percht" verweist einerseits auf den Teufel und andererseits auf die Entstehung des Namens Ruprecht. Teuflische Begriffe sind auch Düvel oder Bock oder der biblische Begriff Beelzebub. Bezeichnungen wie zum Beispiel Böser Klaus zeigen die Auflösung und kontraproduktive Inszenierung der Heiligenlegende. Andere Figuren sind mittelalterliche Allegorien, die menschliche Laster verkörpern, Bären, Esel, Böcke und die raue Perchta, die als *domina perchta* Hoffart, Völlerei und Unzucht verkörpert. Bezeichnungen für die Figuren sind auch: Ascheklas, Bullerklas, Klas Bur (Westfalen, Norddeutschland), Zwarter Piet, Pietermann, Swarte Piet (Niederlande), Pulterklas (Diethmarschen) Ruklas, Rupsack (Mecklenburg) Hans Muff (= der muffige Hans), Heiliger Mann, Düvel, Zink Muff, Zink Knatsch (Niederrhein), Belzebub, Pelzebock (Eifel und Mosel), Pelzebub (Baden), Pelznickel (Pfalz und Saar), Butz (Schwaben), Rumpelklas (Allgäu), Schmutzli, Düsseli (Schweiz), Semper, Klaubauf (Bayern), Krampus (Österreich), Schiachperchten (Salzburger Land), Partl, Bartl (Kärnten, Steiermark), Leutfresser (Ostalpen), Père Fouttard (Frankreich), Hans Trapp (Pfalz), Biggesel, Böser Klaus, Einspeiber, Gangerln, Kläuse, Klosen, Busebrecht, Buzebercht, Kehraus, Klausmänneken, Klausenpicker, Klombsack, Spitzbartl, schwarz Käsperchen, Rollebuwe, Battenmänner, Bullkater, Dollochs, Erbsbär. Im Gurktal, Österreich, taucht der Nikolo mit dem Spitzbartel auf, der in schwarzer Maske mit Kuhglocke und einer

Bucklkraxn (= Kiepe) erscheint. Die Buttmandeln, Treichler und peitschenschwingenden Geisselchlöpfer treiben in den Alpen ihre rauen Späße.

Sinn dieser Inszenierung war es, zu zeigen, dass das Böse und der Böse nicht machen können, was sie wollen. Der Böse lag an der Kette und musste durchsetzen, was der gute Nikolaus wollte. Der Versuchung, aus dieser Figur eine eigenmächtige Drohgestalt zu machen, waren wohl die Darsteller zu oft erlegen. Man kann heute nicht mehr empfehlen, Knecht Ruprecht in seiner alten Rolle auftreten zu lassen. Falls man ihn heute überhaupt noch auftreten lässt, darf er nicht als Angstmacher bedrohlich werden. Nikolaus soll ein gütiger Richter sein, der aus katechetischen Gründen lobt und Verfehlungen zurückhaltend rügt. Die Defizite einer misslungenen Erziehung kann der Nikolaus-Brauch nicht ausbügeln.

Als die Reformation den heiligen Nikolaus degradierte und sein Brauchtum eliminierte, führte sie das Schenken zu Weihnachten ein. Während die Kinder am Nikolausabend beschert wurden, um sich wie im Himmel zu fühlen, ohne die Erde verlassen zu haben, sollten sie nun teilhaben am Geschenk Gottes, seinem Sohn, der Mensch geworden ist. Die zur Zeit der Reformation bei Nikolaus übliche Form des Brauchtums, den Einlegebrauch, übertrug Martin Luther auf das neue Brauchtum: Die Schenkfigur, der heilige Christ bzw. das Christkind, tritt nicht in eigener Person sichtbar auf, sondern war immer bereits aufgebrochen, wenn die Kinder den Raum betraten. So ist es bis heute geblieben. Das evangelische Weihnachtsbrauchtum, das die Katholiken um 1900 übernahmen, ist vom Nikolaus-Brauchtum geprägt.

Im Laufe der Jahre erfährt das Weihnachtsbrauchtum Änderungen. Im Biedermeier des 19. Jahrhunderts bürgerte sich der „Wunschzettel" ein, mit dem die Kinder des gehobenen Bürgertums ihre Eltern als Vermittler gegenüber dem Gabenbringer einsetzten. Dieser neue Brauch wird durch sein materielles Interesse an den „richtigen" Geschenken gekennzeichnet, der besitzenden Kreisen vorbehalten war. Vom Einlegebrauch zu Nikolaus ist hier nur noch die Form erhalten, der Brauchgehalt ist verschüttet. In Köln schrieben die katholischen Kinder einen Wunschzettel an den heiligen Nikolaus, den sie in einem besonderen Beichtstuhl im Dom einwarfen, auf dem der heilige Nikolaus mit Schülern im Pökelfass abgebildet war. Auch heute schreiben Kinder noch an den Nikolaus oder das Christkind, vielfach auch an den Weihnachtsmann Wunschzettel. Die Wunschzettel gelangen jedoch nicht immer direkt an die Eltern.

In ihrem Bestreben, den Adressaten aber auch wirklich – unter Ausschluss der eigenen Familie, die ja immer wieder Selbstständigkeit fordert – selbst ausfindig zu machen, schrecken Kinder vor technischen Herausforderungen nicht zurück. Wenn ein Ort schon so heißt, so denken die Kinder wohl, wird der Gabenbringer, der als heiliger Mann ja schließlich über Wunderkräfte verfügt, nicht weit sein. „Moderne" Kinder benutzen die Post und adressieren zum Beispiel „An den heiligen Nikolaus" oder „An das himmlische Postamt". Neben der Briefpost nutzen Kinder heute auch E-Mails.

Briefe dieser Art gelangen an eines der neun deutschen „Weihnachtspostämter" mit einschlägigem Namen: 16798 Himmelpfort, 21709 Himmelpforten, 31137 Himmelsthür, 31535 Himmelreich, 49681 Nikolausdorf, 51766 Engelskirchen, 66351 St. Nikolaus/Saar, 97267 Himmelstadt und 99706 Himmelsberg. Die Kinder erhalten von hier zwar keine Geschenke, wohl aber eine Antwort: Die-

Der heilige Nikolaus mit Schülern im Pökelfass: Stahlstich aus dem Jahr 1851 des Düsseldorfer Vereins zur Verbreitung religiöser Bilder. Vorlage ist ein Fresko für den Dom von Speyer, angefertigt von Johann von Schraudolph. Stecher war Heinrich Nüsser.

se Postämter halten vorgefertigte illustrierte Antworten und Briefmarken mit Sonderstempel bereit.

Wenigstens 150 Jahre lässt sich der Brauch, an Nikolaus, das Christkind oder den Weihnachtsmann Wunschzettel zu schreiben, zurückverfolgen. Während in schlechten Zeiten Wünsche nach neuen Spielsachen eher hinter den Wünschen nach Reparatur alter, defekter oder beliebter Spielsachen zurücktreten, sind heute die Wünsche eher „marktkonform": Gewünscht wird, was es auch im Handel zu kaufen gibt. Die entsprechende Beschreibung aus dem Katalog liegt u. U. dem mit dem Computer geschriebenen Wunschzettel praktischerweise gleich bei. Um die Jahrhundertwende wurde der Wunschzettel noch auf vorgedruckte, kunstvoll dekorierte Karten mit farbig illustrierten Vorderseiten geschrieben.

Kann man etwas gegen diese Wunschzettel haben? Eigentlich nicht, allerdings mit einem kleinen „aber". Wäre Nikolaus oder Weihnachten nur ein Fest des „Habens" – eine Konsumorgie des Haben-Wollens –, dann wäre das ein armes Fest. Schenken wäre dann so lauwarm wie ein halbgarer Festtagsbraten aus der Tiefkühltruhe. Die Geschenke von Nikolaus und Weihnachten sollten ursprünglich auf etwas hindeuten: Nikolaus-Geschenke wollen den Himmel erfahrbar machen, Weihnachtsgeschenke sollen *das* Weihnachtsgeschenk schlechthin offenbaren: Gott hat sich uns unverdient geschenkt.

Knecht Ruprecht und Co.

Die Brauchausgestaltung brachte es mit sich, dass dem heiligen Nikolaus beim Einkehrbrauch ein kontrastierender Diener zugesellt wurde. Nicht früh genug kann man lernen, dass in dieser Welt „der Teufel los" ist. Deshalb wurde dem guten Nikolaus ein böser Geselle zugeordnet: Einerseits um vorzuführen, dass der Gute (= Nikolaus) das Böse (= Teufel) fest im Griff hat, und andererseits, um den Bösen als Strafenden handeln zu lassen, damit der Bestrafte von der Notwendigkeit des Guten überzeugt werde. Natürlich durfte Nikolaus selbst nicht strafen!

Das Miterscheinen eines Nikolaus-Begleiters, Knecht Ruprecht alias Hans Muff alias Hans Trapp, alias Düvel, Bock, Beelzebub, böser Klaus, etc., variiert die Inszenierung ins Bedrohliche – oder ins Lächerliche. Knecht Ruprecht ist ursprünglich eine spätmittelalterliche Teufelsmaske aus dem Thüringischen und dürfte den süddeutschen „rauen Perchten" entsprechen, die ebenfalls Teufel symbolisieren. Schon bei den Umzügen des Knabenbischofsspiels treten die Teufel, ausgestattet mit erdfarbenen oder schwarzen Gesichtsmasken aus Ton oder Holz, in rauen Scharen auf.

Manche dieser Namen gehen auf Menschen zurück, die vom Volk als teuflisch empfunden wurden. Hans Trapp wird im Elsass der Nikolausbegleiter genannt. Dahinter steht der Marschall Johann von Throtha († 1503), den der pfälzische Kurfürst Philipp II. 1480 als Herr auf Burg Berwartstein eingesetzt hatte und der sich ein Leben lang zu Lasten der einfachen Leute mit dem Abt von Kloster Weißenburg in einem Kleinkrieg gestritten hatte. Seine Aktionen brachten ihm den Kirchenbann und die Reichsacht ein. Zwei Jahre nach seinem Tod wurde er aber rehabilitiert und in allen Ehren beigesetzt. Im Volk lebt er als Hans Trapp, Hans Trott, Hans Drot oder als schwarzer Ritter weiter.

Die Figur der Père Fouettard ist weniger präzise zu fassen. Von den einen wird Fouettard als eine weitere Ausformung von Trapp gesehen, anderen gilt ein Vorfall im Jahr 1552 als Ursprung: Als die Stadt Metz von Kaiser Karl V. belagert wurde, sollen die Bürger eine Puppe des eine Geißel tragenden Kaisers durch die Straßen der Stadt getragen und dann verbrannt haben.

Andere Erscheinungen rühren nicht von konkreten Menschen her, sondern von menschlichen Verhaltensformen. Hans Muff z. B. verkörpert einen Muffligen, wie im rheinischen Jargon ein Übellauniger genannt wird.

In den Niederlanden streitet man übrigens darum, ob die Schwärze des schwarzen Piet, der traditionell „aus Spanien" kommt, nicht rassistisch sei, weil sich die Farbigen im Lande düpiert vorkommen könnten. Vergessen ist bei dieser Diskussion der Ursprung des Brauches. „Der Schwarze" verwies nie auf einen Menschen, sondern auf die teuflische Herkunft aus der Hölle. Die Darstellung „des Bösen" durch „den Bösen" war bis zur Romantik die Grundfigur im närrischen Mummenschanz. Erst mit der Romantik kam ein neuer Narrentyp auf: „Till Eulenspiegel" löste den alten teuflisch-närrischen Prototypen ab, der noch im Einkehrbrauch überlebt.

Anstelle von Knecht Ruprecht und seiner Namensvetter können auch andere fantasievolle dämonische Gestalten auftreten, die mancherorts den heiligen Nikolaus selbst abgelöst haben und sich verselbstständigten, in Pelz oder Stroh gehüllt, mit Sack und Rute, Peitsche, Glocken oder Rasseln ausgerüstet. Teilweise ist Nikolaus zum „bösen Klaus" mutiert. Brauchtum dieser Art ist nicht nur aus den Alpen bekannt und wird dort heute werbewirksam von Verkehrsvereinen als „Folklore" gehegt und gepflegt. Auch von der Insel Ameland, die deswegen auch „Dämonen-Insel" genannt wurde, sind solche Brauchformen bekannt. Die bei den Auftritten lautstark vorgeführten Lärmgeräte lassen eher an Dämonenvertreiber denken als an Nikolaus-Tradition.

Die diffuse Gemengelage um Knecht Ruprecht und sein Verhalten könnte dazu führen, dass man sich von der Figur und ihren Attitüden verabschiedet. Das halten andere für nicht richtig. Diese Auffassung vertritt auch die Psychologin Gisela Rohrer vom Bund der Deutschen Psychologen gegenüber der Katholischen Nachrichten-Agentur. Frau Rohrer stuft den heiligen Nikolaus und seinen Knecht Ruprecht als „pädagogisch wertvoll" ein. Der bedrohliche Ruprecht nehme einen echten Angriff auf die Kinder spielerisch vorweg, er nehme wie der „böse Wolf“ im Märchen „die andere Seite“ wahr, die, anders als der Nikolaus selbst, dem Kind nicht wohlgesinnt sei. Das trage zum Umgang von Kindern mit Aggressionen bei. Eltern müssten deshalb mit ihren Kindern über die Brauch-Inszenierung sprechen. Die Psychologin warnt davor, Nikolaus ohne Knecht Ruprecht auftreten zu lassen. So werde ein falsches Menschenbild in Szene gesetzt. „Aggressionen haben alle Menschen, die Erwachsenen wie die Kinder.“ Kinder verstünden die Bildersprache der Gestalten des christlichen Brauchtums. „Sie holen sich daraus, was sie brauchen.“ Knecht Ruprecht komme eine erzieherische Warnfunktion für die Kinder zu. Deswegen sei die Gestalt des Knechts Ruprecht ebenso wenig schädlich wie böse Figuren im Märchen. Den Nikolaus selbst benötigten die Menschen als eine lichte Gestalt in der dunklen Jahreszeit, „Lichter helfen gegen Angst.“ Altes Brauchtum, so Gisela Rohrer, habe eine „ganz wichtige Grundbedeutung für die Seele“, weil es Botschaften transportiere.

Anderen scheint der Missbrauch mit einem Angst einflößenden Nikolausauftritt schon Grund genug zu sein, den Brauch selbst abzuschaffen. 1991 rief die damalige Frauenministerin Niedersachsens, Waltraud Schoppe (Die Grünen), zur „feierlichen Entwaffnung“ des „Ruten-Mannes“ im Hannover'schen Landtag auf. Waltraud Wilken vom Deutschen Kinderschutzbund begrüßte die entschlossene Streichung des „Symbols archaischer Erziehungsgewalt“.

Die Forschung hat aufzeigen können, dass – möglicherweise wegen der uralten Verbindung mit den römischen Saturnalien im Dezember – Narrenbräuche in das Nikolaus-Brauchtum und Nikolaus-Bräuche in das Narrenbrauchtum Eingang gefunden haben. Das lustvolle „In-die-Rolle-eines-anderen-Schlüpfen“, was ja mehr ist als bloßes „Verkleiden“, und real-pragmatisch verstandene Anweisungen aus der Tagesliturgie mögen solchen Verbindungen Vorschub geleistet haben.

Als die Reformation im 16. Jahrhundert die Heiligenverehrung abschaffte, gelang das bei Nikolaus erst, als man das Schenken von ihm trennte und auf Weihnachten verlegte. Das beflügelte die Katholiken, ihr Nikolaus-Brauchtum zu überarbeiten.

Bei den Katholiken brachte der Nikolaus nicht mehr unerkannt die Geschenke vorbei: Er kam nun in eigener Person und natürlich sichtbar. Dieser Sachverhalt gab der neuen Brauchform den Namen: Einkehrbrauch. Vorlage für diese Idee war die Bestimmung des Konzils von Trient (1545–1563), derzufolge jeder Diözesanbischof jede seiner Gemeinden mindestens einmal alle fünf Jahre besuchen (lat. visitare) muss, um zu überprüfen, ob alles geordnet zugeht. So erscheint nun der Nikolaus jährlich, gekleidet wie ein Bischof im Pontifikalgewand, mit Mitra, Stab und Brustkreuz.

Beim Einkehrbrauch übernimmt der heilige Nikolaus die Rolle eines gütigen Richters, der aus katechetischen Gründen lobt oder straft. Seinen Wissensschatz bezieht er aus dem „Goldenen Buch" (mancherorts hat sich das Buch bereits dualisiert zu einem „Goldenen" und einem „Schwarzen Buch"). Die Idee himmlischer, von Gott oder den Göttern geführter Bücher ist eine orientalische Tradition. Der ägyptische Götterhimmel hatte in Thot, der babylonische in Nabo eigene Schreibergötter. Die Heilige Schrift kennt Bücher gleich in fünffacher Bedeutung: Wenn vom „Buch des Lebens" die Rede ist, wird es beim „göttlichen Gericht" aufgeschlagen. Es enthält das vorgezeichnete Lebensschicksal. Daneben spricht die Schrift von einem versiegelten Buch der „göttlichen Ratschlüsse". Die Propheten erhalten ihre „Offenbarungen" ebenfalls unter dem Bild eines Buches. Thomas von Aquin setzte das „Buch des Lebens" konsequenterweise gleich mit „Auserwählung" (Summa theol. I, quaest. 24, art. 1) In der Offenbarung des Johannes ist in der Gerichtsszene noch von anderen Büchern als nur dem „Buch des Lebens" die Rede: „Die Toten werden nach ihren Werken gerichtet, wie es in den Büchern aufgezeichnet war." (Offenbarung 20,12; vgl. Daniel 7,10). Das biblische Symbol des Buches für die Allwissenheit Gottes, der die Menschen nach ihrem Tun individuell richtet, wurde volkstümlich zu einem realen Buch (resp. zwei Büchern), in dem gute und schlechte Taten fein säuberlich verzeichnet sind. Das reale Gericht erfolgt bei Nikolaus aber nicht erst am Lebensende, sondern – aus didaktisch leicht nachvollziehbaren Gründen – jährlich am Nikolaustag. Auch unsere Altvorderen kannten schon die psychologische Regel von der positiven Verstärkung, auch wenn sie den einen oder anderen Begriff noch nie gehört hatten. Dass aus der religionspädagogisch sinnvollen Absicht, durch Lob zu bestätigen und durch milde Strafe vom bösen Weg abzubringen, mit der Zeit ein den Kindern oft Angst machendes Spektakel zur Belustigung Erwachsener wurde, lag nicht im Interesse der Erfinder. Vielleicht liegt auch eine der Schwierigkeiten, die wir heute mit diesem Brauch haben, darin begründet, dass unser Verhältnis zur Schuld weniger eindeutig und die Verhältnisse schwieriger geworden sind, als dass sie sich einfach nur den Kategorien „gut" und „böse" zuordnen ließen.

Dass der Gute mit einem Bösen zu Besuch kam, konnte man nicht nur bei deren Erscheinen sehen. Beängstigenderweise war der Auftritt schon lange vorab zu hören. Als Kindern trieb uns das Kettenrasseln den Angstschweiß auf die Stirn. Um die Gefährlichkeit des Bösen zu unterstreichen, hielt der Gute das Böse nicht etwa an einem Strick, sondern an einer massiven Eisenkette, damit er ihn zurückreißen konnte, wenn er die Kinder bedrohte, die sich hinter ihre Eltern oder in der äußersten Ecke des Raumes zu verbergen suchten.

Für den Menschen der Gegenwart gibt es keinen Grund, sich über die Form der Kombination von Gut und Böse in der Person des heiligen Nikolaus und seines „unheiligen" Knechtes lustig zu machen. Spätestens seit Sigmund Freud wissen wir, dass in uns selbst „gut" und „böse" miteinander ringen. Das Gespaltensein trägt jeder von uns in sich, es speist alle zwischenmenschlichen Konflikte. Der praktisch veranlagte Mensch früherer Jahrhunderte machte an Nikolaus und seinem schwarzen Begleiter klar: Das Böse muss vom Guten in den Dienst genommen werden.

Knecht Ruprecht erscheint mit schwarzer Haut, womit er keineswegs als einer mit afrikanischem Migrationshintergrund dargestellt werden soll. Seine Schwärze kam vom Höllenfeuer, denn er war ein kleiner und wilder Teufel.

Knecht Ruprecht trug meist in einer Hand eine Rute, mit der er den Kindern drohte. Es war völlig klar, dass diese Rute als Prügelinstrument gebraucht werden sollte. Welch ein Irrtum! Ursprünglich war die Rute das genaue Gegenteil: Sie ist ein Segensinstrument, mit dem nicht geprügelt, sondern berührt werden sollte. Das Berühren oder Pfitzeln sollte den Segen übertragen. Der Missbrauch der Gerte hat Ruprecht nicht sympathischer gemacht.

Bei manchen Auftritten des ungleichen Paares kam noch eine weitere Requisite ins Spiel. Ein Sack. In ihm ließen sich Geschenke herbeibringen, aber auch Kinder abtransportieren. In diesem Sack schleppt der Schwarze nicht nur murrend die Geschenke des Heiligen heran. Sprichwörtlich darf er auch die „in den Sack stecken", die nach Auffassung des heiligen Nikolaus ihre religiösen und häuslichen Pflichten nicht erfüllt haben. Der Sack wird zum Höllenschlund, in den nach mittelalterlicher Auffassung fiel, wer vor Gottes Gericht keine Gnade fand. Wer beim Nikolaus-Besuch durchfiel, einem Weltgericht im Kleinen für Kleine, der landete eben symbolisch im Sack. Diese brachial-pädagogische Methode von zweifelhafter, dafür aber derb-deutlicher „Güte" hat ein Vorbild im mittelalterlichen Seelenfresser, der die dem Satan verfallenen Seelen fraß, ein anderes Vorbild in einer Form des Ringkampfes, bei dem der Gegner in den Sack gesteckt werden musste. Die Kinderfresser im Nikolaus-Brauchtum im süddeutschen Raum, wo der Bezug zum Heiligen selbst und seiner Legende immer undeutlicher geworden ist, üben ihre Faszination durch Bedrohung, Abtransport des Angegriffenen und Loskaufriten aus. Für unbetroffene Betrachter ist das Ganze ein voyeuristisches Schauspiel. Die Kindlifresser, Kinderfresser, heute im Süddeutschen ein gepflegtes folkloristisches Phänomen, haben es im 16. Jahrhundert bereits zu Denkmalehren gebracht, zum Beispiel am Berner Kindlifresser-Brunnen (1544). 1663 definiert sich ein Kinderfresser: „Ich bin der alte böse Mann, der alle Kinder fressen kann." Der „Schwarze Mann", der Kinder frisst, ist auch heute noch eine Imagination, mit der Kindern unnötigerweise Angst eingejagt wird.

Das Auffressen von Kindern, ihr In-den-Sack-Stecken, ist nichts anderes als die Darstellung des Höllentors, aus dem niemand mehr hervorkommt, wenn er einmal hindurchgegangen ist. Die Symbolik erinnert deutlich an die mit dunkler Farbe geschriebenen Worte über der Höllenpforte in der *Göttlichen Komödie* von Dante Alighieri (1265–14321): „Lasciate ogne speranza, voi ch'intrate" – Lasst, die ihr hineingeht, alle Hoffnung fahren!

Was im Laufe der Jahrhunderte mancherorts ausgeartet ist zu einem ängstigenden Schauspiel, hat einen völlig anderen Sinn. Der heilige Bischof soll den Kindern zeigen, dass alles Tun und Lassen Konsequenzen hat. Seine milde Güte bedarf keines wild gewordenen Teufels, der Kinder quält oder aber zumindest damit droht. Ruprecht kann in Rente gehen, er hat sich schon lange überholt.

Wenn es wahr ist, dass uns die Bilder, die wir als Kinder kennenlernen, prägen und ein Leben lang begleiten, dann erfahren wir am Besuch des Nikolaus wohl zum ersten Mal, wer und was ein Bischof ist. Der Kölner Kardinal Höffner hat das einmal kurz vor seinem Tod in einem kleinen Kreis vermittelt. Er erzählte von seiner Visitation in einer Gemeinde, bei der er in liturgischer Kleidung mit vielen Begleitern in die Kirche zum Gottesdienst einzog. Etwas abseits stand einer kleiner Junge und betrachtete das Schauspiel. Ganz aufgeregt zog der Knirps am Arm seines Vaters und rief unüberhörbar: „Papa, schau 'mal, da ist der Nikolaus." Natürlich muss man zunächst einmal über die kindliche Naivität lächeln. Aber dann entdeckt man doch den Ernst: Nur weil das Kind eine Vorstellung vom Nikolaus hatte, konnte es den Bischof als Bischof erkennen. Je nach Elternhaus und Erziehung ist es vielleicht das einzige Mal, dass dieses Kind einem Bischof nahegekommen ist.

Der Einkehrbrauch, in verantwortungsvoller Form gestaltet, ist mehr als eine bloß fröhliche und lustige Bescherung. Sie will deutlich machen: Es lohnt sich, das Gute zu tun und das Schlechte zu unterlassen. Gott ist zwar kein Buchhalter für Sünden, aber er will, dass wir nach seinen Geboten leben. Wenn die Nikolaus-Inszenierung zeigt, dass Gutes belohnt, weniger Gutes gesehen und korrigiert wird, hat sie ihr Ziel erreicht.

Übrigens sollten sich die Erwachsenen aus diesem Spiel nicht heraushalten. Zu erfahren, dass auch die Großen nicht fehlerfrei sind und sich auch auf den richtigen Weg leiten lassen, kann für Kinder ermutigend sein.

Die phrygische Mütze und die verweltlichten Nikoläuse

Wer ein wenig sprachsensibel ist, merkt es bereits an der Überschrift dieses Kapitels: „Nikoläuse" klingt ungewohnt. Nikolaus steht eigentlich auch nie im Plural, weil es nur einen Nikolaus gibt, den von Myra nämlich. Warum dann diese merkwürdige Wortbildung im Titel?

Als der Frankfurter Arzt und Psychiater Heinrich Hoffmann 1844 sein Buch „Der Struwwelpeter" veröffentlichte, kam darin auch eine Geschichte vor, die erzählte, ein „Mohr" – heute spräche man wahrscheinlich von einem dunkelhäutigen Afrikaner mit Migrationshintergrund – wurde von drei Knaben verspottet, die dann vom „großen Nikolas", der „bös und wild" wurde, zur Strafe in schwarze Tinte getaucht wurden.

Man mag darüber streiten, ob dieser „Niklas" den russischen Zaren Nikolaus I. (1796–1855) persiflieren sollte, dessen Zensur Textschwärzungen vornahm. Sicher ist aber, dass Hoffmann die Figur des heiligen Nikolaus entkernte und zu einer religiös neutralen Gestalt umwandelte. Nikolaus straft gewalttätig außerhalb seiner Zuständigkeit und Biografie. Sieht man es symbolisch, bedeutet das Tauchen in schwarze Tinte Tod oder mindestens Todeserfahrung. Der „böse Niklas" im Struwwelpeter ist nicht mehr der Heilige. In der Zeit der Aufklärung wird ihm jenseits der kirchlichen Tradition die Heiligkeit und Schutzwürdigkeit genommen. Nikolaus wird so reduziert auf literarische Gestalten wie das Kasperle, das Hänneschen oder Bärbelchen oder das Krokodil im Puppentheater.

Parallel dazu werden Gestalten kreiert, die die Jahreszeit personifizieren, z. B. der „Herr Winter". Moritz von Schwind veröffentlichte im Münchener Bilderbogen Nr. 8, 1848, dazu die passende Zeichnung.

Hatte Hoffmanns böser Nikolas als einziges Kennzeichen seiner Herkunft noch ein rotes Gewand und eine phrygische Mütze behalten, so hat Schwind auch die rote Farbe gelöscht und natürlich auch den althergebrachten Namen. Die illustrierte Geschichte erzählt, der Herr Winter, zuständig für die Kälte und den Schnee, sei unbeliebt und bei niemandem auf dem Land und in der Stadt willkommen. Wenn aber die warmen Sonnenstrahlen im Frühjahr das erste Schneeglöckchen hervorlocken, bricht er es und legt es einem Baby auf die Wiege – um dann aber wieder schnell in seine eisige Heimat zu verschwinden. Der heilige Nikolaus wird heruntergebrochen zu einem unbeliebten Zeitanzeiger, abgekoppelt von seiner religiösen Botschaft.

Dem bösen Nikolas und dem Herrn Winter gemeinsam ist eine Kapuze oder Mütze mit einem Zipfel.

Ein Hut überhöht seinen Träger, lässt ihn sprichwörtlich größer werden. Als „Ritualhut“ ist er ein Kennzeichen der Herren und Herrschenden. Eine Mütze dagegen signalisiert den niederen Stand. Eine ganz bestimmte Mützenform, die bis in die Gegenwart lebendig ist, hat eine Jahrhunderte lange, ungewöhnliche und nahezu unbekannte Karriere hinter sich: die phrygische Mütze.

Die Christnacht ist gekommen. Aus allen Fenstern erglänzt heller festlicher Schein und das Jubeln der fröhlichen Kinder schallt hinaus bis auf die schneebedeckten einsamen Straßen. Da trippelt ein Männlein gar eifrig einher und späht von Thür zu Thür, ob nicht Jemand ihm öffne und den geschmückten Weihnachtsbaum annehme als willkommene Spende. — Vergeblich! — keine Pforte geht auf, den einzulassen, der ja das Christfest unter seiner Herrschaft begehen läßt von Groß und Klein.

Moritz von Schwind hat 1847 den profanierten hl. Nikolaus als „Herr Winter“ gezeichnet. Der Heilige ist zum Zeitansager geworden, der nur noch durch seine Kapuze an den Ursprung erinnert.

Von dem sagenhaften König von Phrygien, Midas I., wird berichtet, er sei vom Gott Apoll mit Eselsohren bestraft worden, weil er in einem musischen Wettstreit dem Gott widersprochen habe. Eselsohren waren auch schon in der Antike für einen König eine unangemessene körperliche Ausstattung. Midas, dem der Sage nach alles zu Gold wurde, was er anfasste, ließ sich deshalb listig eine besondere Mütze anfertigen, damit die Eselsohren verdeckt blieben. Das besondere Kennzeichen dieser spitz zulaufenden Mütze war der nach vorn geneigte Zipfel. Die Geheimhaltung scheiterte aber schon bald am königlichen Friseur, dessen Mitteilungsdrang genetisch veranlagt gewesen sein muss, schließt man von heutigen Mitgliedern dieser Innung auf ihren Ahnen. Trotz strengster Strafandrohung plauderte dieser Figaro sein Wissen um die königlichen Ohren aus und lieferte die Begründung gleich hinterher.

Aber was sich wie ein Lauffeuer als Allgemeinwissen verbreitete, führte nicht zur Lächerlichkeit des Königs. Im Gegenteil: Die Mütze wurde zum Symbol für den offenen Widerspruch des kleinen Mannes und „derer da unten“ gegen die Bevormundung vonseiten „derer da oben“. Das aufrührerische, obrigkeitskritische und oft sogar illegale Tun dieser so Bemützten wurde im Lauf der Geschichte vielfach dargestellt. Unter der phrygischen Mütze erscheinen die Amazonen, die geborenen Feinde der – damals – geltenden patriarchalischen Ordnung. Paris, der Prinz von Troja, wird mit phrygischer Mütze dargestellt, hat er doch Helena mit illegalen magischen Mitteln verführt. Die Altarbilder in den römischen Mithräen zeigen den Stiertöter Mithras mit phrygischer Mütze. Bereits in etruskischer Zeit gelangte die Symbolmütze der Phrygier als Erkennungszeichen freiheitsbewusster Lebenshaltung nach Italien.

Das christliche Abendland und die christliche Ikonografie kamen schon recht früh mit der phrygischen Mütze in Berührung. Zuerst taucht die gezipfelte Mütze als Kopfbedeckung der heiligen Dreikönige auf. Weil die in der Geburtserzählung Jesu erwähnten Magier aus dem Osten kamen, erhielten sie – lange bevor sie zu Königen wurden – phrygische Mützen, so zu finden auf den Fresken in den römischen Katakomben, auf Sargreliefs des 3. und 4. Jahrhunderts und auf den berühmten Mosaiken in Ravenna aus dem 6. Jahrhundert. Hier kennzeichnen die phrygischen Mützen die Herkunft der Mützenträger aus Kleinasien und ihren Stand, die Zugehörigkeit zu den Priestern. Unter die phrygische Mütze der drei Weisen passt sicher auch noch die Unvereinbarkeit ihrer – nicht näher bekannten – religiösen Auffassungen mit Judentum und Christentum.

Während der Renaissance erhält die phrygische Mütze zwei Geschwister: die Baskenmütze und das Barett – nicht zu verwechseln mit der priesterlichen Kopfbedeckung, dem Birett. Baskenmütze und Barett wurden Kennzeichen der von Natur aus liberalen Künstler. Auch die nationalbewussten Freiheitskämpfer wie Giuseppe Garibaldi trugen im 19. Jahrhundert demonstrativ das Barett, das bei anderen schon zu einer alltäglichen häuslichen und damit bedeutungslosen Kopfbedeckung verkommen war. Typisch für alle drei Mützen: Man zieht sie nicht mit mehr oder minder großer pathetischer Geste beim Grüßen wie einen Hut, sondern behält sie auf dem Kopf. Während der Hut, zumindest beim Herrn von Welt, korrekt mittig getragen wird, sitzen Baskenmütze und Barett betont asymmetrisch und damit provozierend auf dem Kopf. Sie drücken erkennbar die Geisteshaltung ihres Trägers aus, sinnfällig beim Baskenmützenträger Heinrich Böll oder Arbeitgeberhutträger Thomas Mann erkennbar.

Und was hat der heilige Nikolaus mit der phrygischen Mütze zu tun?

Eine ganze Menge. Als der Heilige im 19. Jahrhundert säkularisiert und entmythifiziert wurde, als der religiöse Bezug dieser Gestalt für viele Menschen verloren ging, da verlor Nikolaus auch alle Attribute, die ihn als Bischof kennzeichneten: Messgewand oder Chormantel, Bischofsstab, Bischofsring und Brustkreuz – und natürlich auch die Mitra. Er wurde auch äußerlich zu einem weltlichen Mann. Stattdessen erhielt er einen langen Mantel – oft in braun-grün oder rot –, aber vor allem eine nach vorn geneigte

Zipfelmütze. Die phrygische Mütze wird hier zum – verborgenen – letzten Kennzeichen für die Herkunft aus Kleinasien und die Zugehörigkeit zum priesterlichen Stand.

Dieser neue Typ, der säkularisierter Nikolaus, wird von dem Arzt Heinrich Hoffmann (1809–1894) in seinem selbst gezeichneten Bilderbuch *Struwwelpeter*, das 1845 erstmals gedruckt erschien, als Archetyp dargestellt. Der „Nikolas" von Hoffmann zeigt durch sein Handeln seine Wandlung: Als die Buben seiner Mahnung nicht folgen, wird er „bös und wild" und „er tunkt sie in die Tinte tief". Interessanterweise sind es drei Jungen – die Symbolzahl des heiligen Nikolaus, der drei Feldherren (Stratelaten), drei Jungfrauen mit drei Goldklumpen und drei eingepökelte Studenten rettet. Während aber der Heilige vor Tod und Verderben rettet, übt der böse Nikolas Rache. In dieser säkularen Personifikation ist nicht mehr allein der heilige Bischof enthalten, sondern auch die strafende Teufelsfigur, die je nach Landschaft unterschiedliche Namen trug. Auch der säkularisierte Nikolaus ist wieder eine Kompilation aus zwei Gestalten, einem Heiligen und einem Teufel.

Und seine phrygische Mütze? Die kriegt jährlich tausendfach Junge. Sie ist zum Kennzeichen der Vorweihnachtszeit geworden. Sie wird auf den Weihnachtsmärkten verkauft und von vielen Menschen auf dem Kopf getragen – manchmal sogar mit blinkenden Lichtern versehen. Aus der kennzeichnenden Bekleidung für einen Kleinasiaten und der Mütze der Aufmüpfigen ist eine jahreszeitliche Lustmütze geworden.

Der Nikolas des Arztes lag durchaus im Trend der Zeit, ist keineswegs typologisch ein Unikat. Zipfelmützige Träger langer Mäntel und langer Bärte gibt es um die Mitte des 19. Jahrhunderts zuhauf. Moritz von Schwind zum Beispiel veröffentlicht 1847 eine solche Figur, die einen mit brennenden Kerzen bestückten Tannenzweig über einen städtischen Platz trägt. Diesem profanierten Nikolaus wurde gleich auch noch der Name wegsäkularisiert. Er heißt „Herr Winter" und liefert damit die Vorlage zur Verzweigung der Nikolaus-Genealogie in die antichristliche Ideologie des

Kommunismus, wo er bald als „Väterchen Frost“ in den Dienst genommen wurde.

Der von den Niederländern, die als Reformierte bis heute nicht vom heiligen Nikolaus gelassen haben, nach Amerika exportierte Nikolaus gedieh dort zunächst auch als Heiliger. Er wurde z. B. Patron von Neu Amsterdam, das dann – von den Engländern in Besitz genommen – zu New York mutierte. Ähnliches geschah nun dem heiligen Nikolaus. Zunächst noch als Saint Claus im Bewusstsein der Menschen, gerät er durch das Fehlen der liturgischen und konfessionellen Hintergrundfolie schnell ins Abseits. Er wird – unter deutscher Mitwirkung – zum „Father Christmas“, der Eingangsfigur der immer weiter nach vorn verlängerten Weihnachtszeit und zum Symbol weihnachtlicher Kauforgien und Konsumräusche. Wie der Glockenklang bei den Pawlow'schen Hunden den Speichelfluss hervorruft, so soll das Erscheinen des Weihnachtsmannes Kaufanreiz und weihnachtliche Konsumlust und Konsumpflicht auslösen.

Deutsche Mithilfe bei der Prägung des amerikanischen Weihnachtsmannes leistete ein Pfälzer, Thomas Nast, der – in die Staaten ausgereist – als Zeichner arbeitete und die Figur des Pfälzer Nickels, unschwer als Nikolausvariante zu erkennen, mit dem vorgefundenen mutierten amerikanischen Nikolaus verband.

Der bei Hoffmann noch eher asketisch wirkende Nikolaus wird nun zum gemütlichen Dickerchen. Freundliche Schläue und altersmüde Trotteligkeit bieten Anlass zur Bildung zahlreicher neuer säkularer Legenden. Er versorgt „liebe Kinder“ mit den obligatorischen Geschenken zu Weihnachten, die nicht mehr den Charakter von Symbolgeschenken haben, also nicht mehr das Paradies im Jenseits im Heute aufleuchten lassen. Der Weihnachtsmann arbeitet an der Verwirklichung des Paradieses auf Erden. In dieser Funktion taucht er auch in den 30er-Jahren erstmals in der Werbung von Coca Cola auf. Rot-weiß gewandet in den Hausfarben des Limonadenkonzerns, prägt sich dieser Typ weltweit als aktueller Weihnachtsmanntyp ein – und behält als untrügliches Kennzeichen seiner Herkunft die phrygische Mütze.

Wenige Jahrzehnte vor Hoffmanns Nikolas-Zeichnung haben die politischen Ideologen der Aufklärung und Säkularisation, die französischen Jakobiner, die phrygische Mütze als die ihnen artgemäße Kopfbedeckung wiederentdeckt. In der Jakobinermütze ist die kleinasiatische Mütze unschwer zu erkennen. Kein Sturm auf die Bastille ohne Jakobinermütze, die – nach dem Sieg der Revolution – unter den neuen Machthabern ganz schnell wieder aus dem Verkehr gezogen wurde. Symbole der Aufmüpfigkeit sind nicht mehr gefragt, wenn die Aufmüpfigen selber herrschen.

Die Jakobinermütze wird auch zur Vorlage der modernen Narrenkappe. Das 19. Jahrhundert folgerte aus dem alten Sprichwort „gleiche Brüder, gleiche Kappen" für die Narren „gleiche Narren, gleiche Kappen". Die Ehre, die moderne Narrenkappe propagiert zu haben, besitzt kein Alemanne, Bayer oder gar Rheinländer, sondern – man höre und staune – ein Preuße. Generalmajor Baron von Czettritz und Neuhaus hat 1827 die Einführung dieser Kappe den Karnevalisten in Köln vorgeschlagen. Markant für die ersten „modernen" Narrenkappen wie für die gegenwärtigen ist die – wenigstens an einer Stelle – nach vorn gebogene Spitze, wie sie eben für die phrygische Mütze typisch ist. Die „Verzierung" mit langen Fasanenschwanzfedern, mit bunten Steinen etc. symbolisiert die lächerliche Eitelkeit des Narren. Man kann sich allerdings oft des Eindrucks nicht erwehren, dass einzelne Kappenträger vergessen haben, dass ihre Kopfbedeckung die Eitelkeit lächerlich machen, nicht aber erneut vorführen soll.

Der von manchen Zeitgenossen hochgeschätzte Gartenzwerg kann für sich in Anspruch nehmen, eine Mutation des säkularen Nikolaus darzustellen. Die Verzwergung des Heiligen zum Leitbild der Heile-Welt-Vorstellung „kleiner Leute" entstand erstmals um 1880 in Thüringen und wirkt bis heute nach – in Ton, in Plastik und auf Papier. In Amerika gab es eine parallele Entwicklung: Der amerikanische Santa Claus tritt gelegentlich zusammen mit en miniature geklonten „Little Helpers" auf. Natürlich tragen die Little Helpers ebenso wie die – nur in Terrakotta – echten Gartenzwerge rote phrygische Mützen. In den „Schlümpfen" haben diese säkularisierten Miniatur-Nikoläuse schon wieder eine neue Spezies gebildet.

Wer glaubt, dass damit die Geschichte der phrygischen Mütze am Ende angekommen ist, muss sich eines Besseren belehren lassen. Die phrygische Mütze kann man ohne Stoff und sogar ohne Mütze nachbilden. Die Punks, die ihre Haare bis auf einen Kamm scheren, rot färben und aufgerichtet nach vorn geneigt tragen, ahnen sicher nicht, dass sie mit ihren Haaren die phrygische Mütze nachbilden. König Midas würde sich sicher wundern, sähe er seine heute lebenden Epigonen.

Hl. Nikolaus, Köln, Holzplastik aus der ersten Hälfte des 14. Jahrhunderts. Seit dieser Zeit tritt der Heilige als westlicher Bischof auf.

Amand Lith. Amsterdam

St. Nikolaas bij stoute kinderen.

Der Sack des hl. Nikolaus kann nicht nur Geschenke enthalten. In ihm verschwinden auch unartige Kinder – zumindest hat man das vor Jahrzehnten einmal so gespielt.

Der böse Nikolas taucht im „Struwwelpeter" in der „Geschichte von den schwarzen Buben" auf. Der Arzt Dr. Heinrich Hoffmann hat dieses Buch für seine Kinder geschrieben und gezeichnet. 1845 wurde es erstmals gedruckt und hat allein in Deutsch inzwischen mehr als 400 Auflagen erlebt.

Der hl. Nikolaus mit den drei Scholaren im Pökelfass als Hausmarke in den Niederlanden

Vom (Un-)Sinn des Schenkens

Während heutzutage das Schenken fast so etwas wie eine Pflicht, Statusverteidigung oder Selbstdarstellung zu sein scheint, hatte das Schenken früher – wenigstens im Ansatz – Symbolcharakter: Den Armen schenkte man existenziell Notwendiges und – damit sie mitfeiern konnten – etwas zum Essen und Trinken, ein *donum superadditum*, etwas über das Normale hinaus Gegebenes. Der Kreis der Armen, für die oft vor dem eigentlichen Fest gesammelt wurde (Christkindl einläuten), wurde ab der Reformation um die Kinder erweitert, deren Kinderbeschenktag zu Nikolaus damit entfallen sollte. Bis zur Reformation schenkten Erwachsene sich untereinander nichts, außer dass der Dienstherr verpflichtet war, seinen Dienstboten eine Kleinigkeit zu schenken. Das Beschenken der Erwachsenen untereinander begann erst mit dem Verständnis von Weihnachten als Familienfest. Als „norddeutsch-protestantische Sitte" wird der Gabentisch am Heiligabend in einer bayerischen Chronik von1860 bezeichnet, „welche nur in München, seit den Tagen der Königin Caroline eingeführt, in den höheren Ständen festen Fuß gewonnen hat". Friedrike Caroline Wilhelmine Prinzessin von Baden (1776–1841) war die zweite Frau des verwitweten Herzogs Maximilian Joseph von Pfalz-Zweibrücker, dem nachmaligen Kurfürsten und ersten König von Bayern. Im Ehevertrag war geregelt worden, dass die evangelische Karoline ihre Konfession nicht aufgeben musste. Geschenke waren dabei manchmal symbolisch gemeint (Julklapp = schwedische Bezeichnung für Weihnachtsgeschenk), aber immer etwas, was über die „Grundversorgung" mit Notwendigem hinausging, ein *superadditum*. Das Geschenk sollte die Freude vermitteln, die der Festtag bot, der ein Ereignis der „Übernatur" (= *supernaturalitas*) feierte. Der qualitative, tiefergehende Sinn der Geschenke stand früher stärker vor Augen. Dabei leitet sich das Schenken von der Jungfrauenlegende des heiligen Nikolaus ab: Schenken im christlichen Sinn will also ein Ausblick auf den Himmel sein, das Paradies schon auf Erden ein wenig vorkosten lassen.

Kinderbeschenktag war im frühen Mittelalter das Fest der Unschuldigen Kinder (28. Dezember). In dem Maße, wie der heilige

Nikolaus populär und Patron der Schüler und Kinder wurde, verlagerte sich im 13. Jahrhundert der Kinderbeschenktag für Jungen auf den Vorabend des heiligen Nikolaus (6. Dezember). Im 14. Jahrhundert ist der 6. Dezember als Geschenktermin allgemein üblich. Mancherorts scheint parallel das Fest der heiligen Lucia (13. Dezember) zum Kinderbeschenktag für die Mädchen geworden zu sein. Um 1500 war Weihnachten als Schenktermin oder Kinderfest unbekannt. Die Reformation hat sowohl den heiligen Nikolaus als Geschenkebringer und den 6. Dezember als Termin bekämpft. Heilige als Mittler göttlicher Gnade waren nach reformatorischer Lehre überflüssig. Neuer Schenktermin – zunächst in protestantischen Gegenden, nach 1900 allmählich in ganz Deutschland flächendeckend – wurde Weihnachten. (In Neuss am Rhein und in weiten Teilen des Rheinlandes wird um 1900 noch am Nikolaustag beschert). Geschenkebringer wurde die von Martin Luther propagierte Kunstfigur „Christkind", die es aber als Nikolaus-Begleiter oder als Gabenbringer schon vorher gab. In den protestantischen Ländern ließ sich dieser Wandel nicht überall durchsetzen: Die Niederlande hielten am alten Schenktermin und am heiligen Nikolaus fest. Im Laufe der Entwicklung mutierte „das Christkind" zum „Weihnachtsmann", der wiederum zum Teil Wesensmerkmale und den Namen des heiligen Nikolaus übernahm. In Nordamerika heißt der „Father Christmas" mit Namen „Santa Claus". Um 1930 hatte sich schließlich in Nordwest- und Südwestdeutschland „das Christkind", in den anderen Landesteilen der „Weihnachtsmann" als Gabenbringer durchgesetzt.

Das Schenken stammt vom heiligen Nikolaus, der seinen Besitz als Verpflichtung auffasste. Er sollte für ihn nicht Zinsen erbringen, sondern ewige Seligkeit – und das auch für andere.

Diese griechische Jungfrauenlegende aus dem 5. Jahrhundert wurde in der Westkirche im 12. Jahrhundert um eine Legende aus Nordfrankreich ergänzt: Hier erweckt Nikolaus in einer Herberge drei Scholaren wieder zum Leben, die der Wirt getötet und eingepökelt hatte, um ihr Fleisch seinen Gästen als Speise anzubieten.

Thomas Nast, aus Deutschland nach Amerika ausgewandert, macht aus dem asketischen Bischof Nikolaus den rundlichen Geschenkebringer „Weihnachtsmann“, der in dieser Zeichnung aus dem Jahr 1881 in der Zeitung „Harper's Weekly“ noch „Merry Old Santa Claus“ heißt.

Die jüngere Legende bestätigte Nikolaus als Freund der Kinder und sorgte dafür, dass die bis dahin üblichen Kinderbeschenktage – das Fest der Unschuldigen Kinder bzw. Luzia für Mädchen – aufgegeben wurden. Das Fest des heiligen Nikolaus wurde zum Kinderbeschenktag. Und geschenkt wurde so, wie der heilige Nikolaus in der Jungfrauenlegende schenkt: Heimlich und symbolisch. Nikolaus wollte ja nicht seine Ehre mehren, sondern das Seelenheil der Mädchen erhalten, ihnen die ewige Gemeinschaft mit Gott ermöglichen, indem er sein Geld dafür einsetzte, sodass die Mädchen ehrbar leben konnten. Das Geschenk des Nikolaus erfolgte unter dem Gesichtspunkt der Ewigkeit – *sub specie aeternitatis*, ebenso wie er gehandelt haben möchte, wenn er in die Ewigkeit eintrat. Und die Menschen ahmten diese Form des Schenkens nach: Man schenkte heimlich und unerkannt im Namen von Nikolaus und gab den Kindern etwas, was sie eine Ahnung vom Himmel und seiner Herrlichkeit gewinnen ließ. Geschenkt wurde, was nicht lebensnotwendig war, ein *superadditum*, Gebäck, Äpfel, Nüsse usw. Diese Form des Schenkens heißt in der ersten Phase des Nikolaus-Brauchtums Einschüttebrauch, weil den Kindern die Köstlichkeiten in einen Raum geschüttet oder geworfen wurden. Symbolisch waren die Geschenke der Erwachsenen für die Kinder, weil Nüsse und Mandeln das göttliche Geheimnis darstellten (Gott schenkt die Nüsse, aber knacken muss sie der Mensch selber) und die Äpfel an die Erbsünde Adams und Evas erinnerten, nämlich sein zu wollen wie Gott. Nur die „Paradiesfrucht“ Apfel verwies auf das Paradies, den Himmel, das himmlische Jerusalem.

Ehe unsere hygienische Neuzeit Gabenteller erfand und noch bevor Schuhe oder Strümpfe Empfangsbehältnisse für die Gaben des Nikolaus waren, bastelten Kinder „Nikolaus-Schiffchen“, in denen sie ihre Gaben empfingen. Nikolaus war – vor dem heiligen Johannes Nepomuk – Patron der Schiffer und Seefahrer, weil er, wie seine Legenden erzählen, Menschen vor dem sicheren Tod im Wasser gerettet hatte. Das Schiff ist übrigens eine alte Allegorie auf das menschliche Leben, das sich wie ein Schiff auf den endgültigen Hafen zubewegt. Eben deshalb stellen viele Weihrauchfässer das himmlische Jerusalem dar, und das Weihrauchaufbewahrungsgefäß ist wie ein Schiff ausgebildet und heißt Weihrauchschiffchen.

Auch Martin Luther beschenkte seine Kinder zu Nikolaus, begann dann aber infolge seiner Lehre, die die Heilsmittlung durch Heilige aufgab, die Heiligenverehrung abzulösen. Das Kinderbeschenken gab aber auch die Reformation nicht auf, sondern trennte es von Nikolaus und verlegte es auf Weihnachten. Luthers Schenkfigur, der heilige Christ oder das Christkind, schenkt wie der heilige Nikolaus: ohne selbst in Erscheinung zu treten.Und niemand weiß so genau, wer oder was eigentlich diese Schenkfigur ist.

In Reaktion auf die Reformation wandelte sich das Nikolaus-Brauchtum. Nikolaus kehrte nun physisch in die Häuser der Katholiken ein, besuchte die Kinder und belohnte die Braven und mahnte die anderen. Dieser Einkehrbrauch hatte die bischöfliche Visitation zum Vorbild. Wo es ihn heute noch gibt, da ist er eine Erscheinung in der Gruppe, kaum mehr in einer Familie.

Die Katholiken beschenkten ihre Kinder nach der Reformation weiter zu Nikolaus – und auch die protestantischen Niederländer taten dies. Und ihr Nikolaus, den sie mit nach Amerika nahmen, wo aus ihm Saint Claus, Father Christmas und dann der Weihnachtsmann wurde, kam im 20. Jahrhundert als Weihnachtsmann nach Europa zurück. Je weiter sich die profanierten Schenkfiguren vom ursprünglichen Bild lösten, desto verdunsteter wurde ihr Sinn. Aus dem Nikolaus-Schenken *sub specie aeternitatis*, das überirdisches Glück, himmlische Freude und göttliche Gnaden anzeigen sollte, ist heilloses Schenken und manchmal maßloser Konsum geworden.

Nikolaus schenkt geheim: Er kommt ungesehen über Nacht und füllt Teller, Strümpfe oder Schuhe mit kleinen Geschenken für Kinder. Auch als die Reformation den Schenktermin verlegt und eine neue Schenkfigur eingeführt hatte, blieb ein Phänomen erhalten: das heimliche Schenken und damit die Rückführung des Schenkens auf einen übermächtigen Dritten.

Die besondere Form des Schenkens zu Weihnachten führt uns zum Sinn des Schenkens. Unsere Vorfahren haben heimlich zu Nikolaus die Kinder beschenkt, weil sie ihre Geschenke stellvertretend gaben: in Stellvertretung für den heiligen Nikolaus. Und sie haben in dieser Form geschenkt, weil auch schon der Heilige Nikolaus selbst heimlich geschenkt hat. Nikolaus schenkte stellvertretend: Sein Geschenk sollte auf den verweisen, der ihm diese Hilfe, diese Gnade, ermöglichte, nämlich Gott selbst. Nikolaus verzichtete auf sein Erbe, weil er sein Erbe als Geschenk begriff, mit dem er Gutes tun sollte. Gott hat durch Nikolaus geholfen. Schenken bedeutete für Nikolaus: Menschen erfahren, teilhaben lassen am Reich Gottes. Das Geschenk des Heiligen war letztlich eben nicht das Gold, das er gab, sondern die physische und die geistige Freiheit, die er den jungen Frauen erwarb.

Schenken zu Nikolaus vollzog die Legende nach, war ein „Nikolausspiel", in dem die Menschen erfuhren: Gott will uns Gutes. Dabei ging es eben nicht um besonders kostbare und möglichst viele Geschenke, sondern um die diesen Geschenken zugrunde liegende Symbolik: Ich bin nicht vergessen, ich bin geliebt; als Kind Gottes erfahre ich täglich seine Gnade, so wie ich am Nikolausfest spielerisch zur Vergegenwärtigung dessen Süßigkeiten oder Spielzeug erhalte.

Das Schenken zu Weihnachten ist deshalb nicht leicht zu erklären, weil die Erinnerung an die dem Schenken zugrunde liegende Nikolaus-Legende den meisten Menschen verloren gegangen ist. Weil Gott sich selbst in Jesus Christus zum Geschenk gemacht hat, schenkt Nikolaus: Über seinen Besitz verfügt er nur eine bestimmte Zeit. Dann muss er darüber Rechenschaft geben. Er will nicht seinen Besitz vermehren, sondern Menschen in den Himmel führen. Wer im Sinne des Nikolaus schenkt, holt die Erfahrung des Himmels symbolisch in die Gegenwart. Zwar kann kein einziges unserer Geschenke, nicht einmal alle Geschenke zusammen, das einzigartige Geschenk Gottes ersetzen oder kleiner machen. Aber unsere Geschenke können sich in diese Tradition stellen und auf den Himmel verweisen. Dann berührt der Himmel die Erde, das Unendliche bewegt das Endliche, das Ewige verknüpft sich mit dem Zeitlichen, das Metaphysische nimmt physische Gestalt an. Ein jeder soll sich freuen. Geschenke zum Nikolausabend machen diesen Termin unverwechselbar, lassen später immer wieder mit Freude zurückdenken.

Schenken vergegenwärtigt die Liebe Gottes zu den Menschen. Gott selbst ist die Liebe. Diese Liebe sagt nie: „Ich!", sondern artikuliert sich im „Du". Die Liebe Gottes ist verkörpert in seinem Sohn. Gottes Geschenk ist seine Selbstmitteilung in seinem Sohn Jesus Christus. Die Menschwerdung des Sohnes lässt die Menschen zu Töchtern und Söhnen des Vaters werden. Unsere Geschenke sind symbolische Geschenke, die auf dieses einzigartige Geschenk hinweisen wollen. Der Philosoph Josef Pieper hat einmal gesagt: „Liebe ist das Ur-Geschenk. Alles, was uns sonst noch unverdient gegeben werden mag, wird erst durch sie zum Geschenk."

Es gibt in unserer Gesellschaft eine Tendenz, sich gegen solche, das eigene Dasein ungefragt und ungeschuldet bewirkende schöpferische Liebe zu wehren. Es gibt auch einen Widerwillen gegen das Beschenktwerden: „Ich will nichts geschenkt!", ein jeder kennt solche Reaktionen. Diese Haltung grenzt nahe an eine andere: „Ich will nicht geliebt werden, und falls überhaupt, dann nicht ohne Grund." Nietzsche hat scharfsinnig bemerkt, dass Menschen, denen die eigene Bedeutung wichtig ist, „wegen des Geliebtwerdens widerspenstig" sind. Wirklich ungeschuldete Liebe, sagt C. S. Lewis, sei zwar das, was wir brauchen, jedoch keineswegs die Sorte Liebe, die wir wünschen. Es ist für uns einsehbar, wenn wir wegen unserer Freigebigkeit, Schönheit, Klugheit oder Liebenswürdigkeit geliebt werden. Grundlose Liebe verwirrt uns aber ebenso wie ein ungeschuldetes Geschenk, hinter dem keine Konvention, Berechnung, Ritus, Pflicht oder Kalkül stehen.

Ein Geschenk im christlichen Sinn vergegenwärtigt immer ein wenig das Ur-Geschenk, das wir feiern: die Menschwerdung Gottes in seinem Sohn und die dadurch begonnene Erlösung der Menschheit. Ein Geschenk ist darum immer Selbstmitteilung des

Schenkenden, der sich dem Beschenkten ungeschuldet zuneigt. Ein Geschenk ist immer ein Stück von uns selbst – oder es ist kein Geschenk, zumindest nicht im christlichen Sinn. Deshalb kann man sich auch nicht selbst beschenken. Denn zum Wesen des Geschenks gehört es, von einem „Du" an ein „Ich" zu kommen.

Das Verb „schenken" bedeutete ursprünglich einmal „zu trinken geben". Wir sagen heute dafür: „einschenken" oder „ausschenken". „Ausschank" oder „Schenke" sind abgeleitete Worte. „Schenken" ist wie das Wort „Schenkel" abgeleitet von einem Verb, das „schief halten" bedeutete. „Schief" meint, sich entgegenneigen, so wie der Krug sich dem Beschenkten entgegenneigt. Der Schenkende neigt sich mit seinem Geschenk dem zu Beschenkenden zu, macht sich ihm dienstbar. Das Verb „schenken" bewahrt diesen Gedanken christlichen Schenkens: Ein „Ich" neigt sich einem „Du" zu.

„So sehr hat Gott die Welt geliebt, dass er seinen einzigen Sohn dahingab" (Johannes 3,16), berichtet das Johannesevangelium. Und der Römerbrief (Römer 8,32) legt diesen Gedanken aus: „Er hat seinen eigenen Sohn nicht verschont, sondern ihn für uns alle hingegeben – wie sollte er uns mit ihm nicht alles schenken?" Christus als Geschenk Gottes an die Menschen, ein Gedanke, den der erste Johannesbrief (1 Johannes 3,1) aufnimmt: „Seht, wie groß die Liebe ist, die der Vater uns geschenkt hat: Wir heißen Kinder Gottes, und wir sind es." Die erwachsenen „Kinder Gottes" lassen in ihren Geschenken zum Nikolausabend an die kleinen „Kinder Gottes" das Geschenk Christi lebendig und erfahrbar werden.

Nikolaus in der Kunst

Die breite Verehrung, die Nikolaus in liturgischen Festen und weltlicher Feier als Patron und Namensgeber fand, hat seine Entsprechung in seiner bildlichen und plastischen Darstellung. Seit Papst Gregor dem Großen (590–604) hatte die Darstellung von Glaubenswahrheiten und Heiligen im Kirchenraum für Analphabeten den gleichen Rang wie das Buch für einen Lesekundigen. Bilder und Plastiken waren *biblia paupera*, Buch und Heilige Schrift für arme Leseunkundige. Johannes Balbi von Genua (gest. um 1298) faltete im 13. Jahrhundert diese Lehre aus, indem er der sakralen Darstellung drei Funktionen zuwies: 1. die Unterweisung der Schriftunkundigen, 2. um die Inkarnation und die Heiligenbeispiele stärker wirken zu lassen und 3. um Empfindungen der Frömmigkeit auszulösen, was eben durch Augen leichter zu erreichen ist als durch die Ohren. Die geradezu prophetische Weit- und Einsicht dieses Gelehrten überrascht gerade uns heute, die wir die Wahrheit und die ihr innewohnenden Gefahr gerade der dritten Erkenntnis in einer fernsehbewegten Zeit tagtäglich erleben!

Der byzantinische Darstellungstyp des Nikolaus wurde durch einen westlichen abgelöst, der dem östlichen nachgebildet war. Dargestellt wurde bis in das 14. Jahrhundert ein idealtypischer Bischof in Pontifikalgewändern, mit einem Buch in seiner Linken und der rechten Hand zum Segensgruß nach westlicher Art: Daumen, Zeigefinger und Mittelfinger gestreckt, Ringfinger und kleiner Finger gebeugt. Gelegentlich wird das Buch in der Linken durch den Bischofsstab ersetzt, oft trägt der Heilige auch eine Mitra. Seit dem 15. Jahrhundert erscheint Nikolaus – wie allgemein üblich – im Philonion. Die ältesten Darstellungen stehen unter byzantinischem Einfluss und zeigen den Heiligen mit einem an das östliche Omophorion angelehnten Pallium.

Alle Darstellungen des heiligen Nikolaus beziehen sich auf seine Funktion als Nothelfer; sie lassen sich deshalb fast alle anhand der beigegebenen Attribute einer der drei Rollen zuordnen:

1. Nikolaus als Retter in der Not,
2. Nikolaus als Beschützer und
3. Nikolaus als Gnadenmittler, Gebender, Helfer.

Das häufigste Attribut, mit dem Nikolaus dargestellt wird, sind die drei goldenen Kugeln auf einem Buch, gebildet nach den Goldklumpen der Jungfrauenlegende. Nur selten wurden diese drei Kugeln ersetzt durch drei Goldbarren, Goldäpfel, Geldbeutel, Geldsäckchen oder drei Brote. Eine weitere außerordentlich häufige Darstellungsform ist die mit drei Scholaren oder Schülern (Scholarenlegende), wobei Nikolaus immer ohne die drei Goldkugeln, aber mit Segensgeste auftritt. Die Scholaren befinden sich zu Füßen des Bischofs, oft in zeittypisch verkleinertem Maßstab wiedergegeben, selten kniend, meist in einem Bottich stehend oder aus ihm steigend. Relativ selten wird Nikolaus als Bischof mit den drei Jungfrauen oder den drei Jungfrauen und den drei Scholaren gemeinsam dargestellt. Als Patron der Seeleute zeigt sich Nikolaus mit einem Anker oder einem Schiff. Falls Nikolaus überhaupt in einer Heiligengruppe dargestellt wird, rechnet er zu den Vierzehn Nothelfern.

Nach dem (nur szenisch auftretenden) Motiv des auserwählten Kindes – ein seine Heiligkeit begründender Bezug – sind die wichtigsten Szenen der Vita und Legende im Westen:

1. Geburt: Am Tage (oder drei Tage) nach der Geburt kann Nikolaus bereits im Badezuber stehen, verweigert die Annahme der Mutterbrust am Freitag.
2. Er wird von einem Bischof erzogen.
3. Nikolaus wirft drei goldene Kugeln (Geldbeutel) in das Zimmer der drei Jungfrauen.
4. Als der Bischof von Myra stirbt, soll der erste, der am nächsten Morgen die Kirche betritt, sein Nachfolger werden; das ist Nikolaus.
5. Bischofsweihe.

6. Nikolaus erscheint Seeleuten und errettet sie aus Seenot (während er gleichzeitig am Konzil von Nicäa teilnimmt); die Seeleute erreichen Myra und erkennen Nikolaus als Retter.
7. Nikolaus errettet ein Kleinkind aus kochendem Badewasser.
8. Nikolaus erweckt drei Scholaren, die von einem Wirt umgebracht und in Fässern eingepökelt worden waren.
9. Nikolaus fällt einen Baum, der dem Kult der Diana (griech.: Artemis) geweiht ist.
10. Pilgern, die eine Phiole mit Öl von Diana in Gestalt einer Nonne erhielten, um es in der Kirche des heiligen Nikolaus auszugießen, erscheint er und lässt es ins Meer schütten, worauf es in Flammen aufgeht.
11. Nikolaus verhindert die Hinrichtung dreier Unschuldiger.
12. Nikolaus befreit drei Feldherren (Ursus, Nepotian, Apilion) aus dem Gefängnis, indem er Kaiser Konstantin im Traum erscheint, worauf dieser die Feldherren freilässt und mit Geschenken zu Nikolaus sendet.
13. Während einer Hungersnot in seiner Diözese schickt er Kornschiffe in eine Stadt und lässt das Korn verteilen; als die Schiffe weiterfahren, fehlt nichts an der Ladung.
14. Tod des Nikolaus; Engel führen seine Seele zum Himmel.
15. Ein Jude hat sein Geld dem Schutz des Heiligen anvertraut; es wird gestohlen, und er schlägt die Statue des Heiligen; Nikolaus erscheint den Dieben; sie geben das Geld zurück, und der Jude lässt sich taufen.
16. Ein Mann wünscht sich einen Sohn und gelobt Nikolaus dafür einen goldenen Becher (oder Schale). Sein Wunsch wird erfüllt, aber der Becher gefällt ihm so gut, dass er Nikolaus einen anderen anfertigen lässt. Er bittet seinen Sohn, ihm Wasser in dem Becher zu holen. Der Sohn ertrinkt dabei.
17. Ein vornehmer Jüngling (lat.: Adeodatus, d. h. „von Gott geschenkt“) wird von einem heidnischen Fürsten gefangen und zu dessen Mundschenk ernannt. er trauert über sein Los und ruft Nikolaus an, der ihn an den Haaren ergreift und seinem Vater zurückbringt.

18. Ein Knabe wird vom Teufel, in Gestalt eines Bettlers, erwürgt. Nikolaus erweckt ihn wieder zum Leben.
19. Bürgschaft des Nikolaus für einen betrügerischen Christen, der von einem Wagen überrollt wird und auf Verlangen des betrogenen Juden von Nikolaus wiedererweckt wird.
20. Öl fließt aus dem Kopfende des Nikolaus-Grabes.
21. Heilung von Lahmen am Grab des Nikolaus.

Der Übergang von der sakralen zur profanen Ikonografie, die nur noch an das Brauchtum des Nikolaustages – und meist auch nur an deren äußere Erscheinungsformen – gebunden ist, lässt sich bis in das 16./17. Jahrhundert zurückverfolgen, z. B. anhand der Sitzfigur des Heiligen mit seinem schwarzen Diener, zu seinen Füßen der Esel und drei Kinder (St. Niklaasgang, Brügge). Von hier aus differenzieren sich die Darstellungen des beschenkenden Nikolaus, der zum Warenzeichen des kommerzialisierten Nikolausfestes wurde. Im Zusammenhang von Nikolaus und seinem schwarzen Knecht, der das Nikolaus-Brauchtum zu einer pädagogischen Aktion mit erhobenem Zeigefinger ummünzt, entsteht auch der „drohende" Nikolaus, ein Motiv, das in der sakralen Ikonografie völlig fehlt: In Hoffmanns *Struwwelpeter* steckt der Heilige 1845 die bösen Buben in ein Tintenfass, statt sie aus einem Pökelfass zu befreien und zum Leben wiederzuerwecken. Der hier nur noch dem heiligen Nikolaus äußerlich ähnliche profanierte Nikolas handelt auch nach völlig profanen Prinzipien. Hoffmanns Nikolas ist der Prototyp der säkularisierten, profanierten und „modernen" Nikoläuse, die zwar noch „irgendwie" die äußere Form des heiligen Nikolaus übernehmen, aber anderen Interessen dienen. Wer einen solchen Nikolaus warum und für wen einsetzt ist nun die Frage, die seitdem bei jedem Nikolaus-Typ neu geklärt werden muss.

Erst die Kinderpädagogik des 19. Jahrhunderts konservierte und aktualisierte jenen heiligen Nikolaus wieder neu, der sich für die meisten Menschen nun nicht mehr deutlich in den Heiligen und Bischof oder in den sinnentleerten Geschenkebringer oder gar den geklonten Nikolaus, den Weihnachtsmann, scheiden lässt. Hierzu passt die gnadenlose Verkitschung des Heiligen als in Schokolade gegossene weibliche Variante „Nicola", die es auch aberwitzigerweise mit Federflügeln zu kaufen gibt, und die Präsentation des Heiligen als knackig-smarten Jungmannes in Lifestyle-Outfit.

Bedenklicher als diese geschmacklosen und sinnentleerten kommerziellen Verirrungen ist eher der Umstand, dass Nikolaus-Darstellungen namhafter moderner Künstler kaum existieren.

Nikolaus zum Anbeißen

Spekulatius – bischöfliches Prüfen wird zum Gebäck

Erst die dritte Stufe des Nikolaus-Brauchtums kennt den Hausbesuch des Heiligen. In Antwort auf die Reformation, die den Nikolaus und sein Brauchtum abzuschaffen sucht, gehen die Katholiken in die Offensive. Nikolaus taucht in den Familien so auf, wie das Konzil von Trient die Pflichtbesuche des Bischofs in seinen Gemeinden angeordnet hat. Der Bischof kommt hochoffiziell, also in bischöflicher Ausstattung mit Mitra, Stab, Brustkreuz, Ring und liturgischer Kleidung, und führt eine „Visitation" durch. Er prüft, ob alles mit rechten Dingen zugeht, er hinterfragt Unverständliches und fragt nach Fehlverhalten, Missbräuchen usw., die ihm zu Ohren gekommen sind (s. weiter oben, S. 86).

Wenn der Bischof Nikolaus visitiert, dann geht das nicht ohne seine Augen. Er muss nachsehen und anschauen, was es zu bewerten gilt. Im Lateinischen heißt diese Art des Sehens *speculari* – spähen, sehen, gewahr werden. Aus diesem Wort hat sich das englische Wort für Brille, *spectacle*, entwickelt und das deutsche „spekulieren". Aber nicht nur. Weil der Bischof als „Spekulator" auftritt, entstand ein Gebäck – der Spekulatius. Der Spekulatius ist ein Formgebäck aus dem holländisch-niederrheinischen Gebiet. Es entsteht mithilfe von Modeln, in die der Teig hineingepresst wird. Dargestellt werden der Heilige, Szenen der Legende und regionale Motive. Die Modeln aus Holz und Ton lassen sich bis in das 16. Jahrhundert zurückverfolgen. Das möglicherweise zunächst nur in Verbindung mit dem Nikolausfest hergestellte Gebäck wird heute auch zu St. Martin, im Advent und Weihnachten gereicht. In den Niederlanden steht Spekulatius das ganze Jahr über zum Kaffee auf dem Tisch.

Spekulatius, das Hausgebäck des heiligen Nikolaus, ist einer der vielen Belege für die Tatsache, dass jedes religiöse Fest anders schmeckt, riecht, sich anfasst usw. Christliche Feste sind sinnliche Feste, sie lassen sich über alle Sinne erschließen, meist zuerst über die Schmeckknospen. Das Verspeisen von Symbolischem im Rahmen eines Festes erinnert an die Eucharistie im Gottesdienst, wo Gott in der Hostie Teil des Gläubigen wird.

Der Spekulatius blieb nicht einsam! Etliche Gebäcke, Speisen und Getränke helfen ihm, das Nikolausfest festlicher und sinnlich erfahrbar zu machen. Die folgenden Rezepte bieten einen Einblick in die Fülle dieser Köstlichkeiten.

Buttergebäck

375 g Mehl, 250 g Butter, 125 g Zucker, evtl. 1 Tütchen Vanillezucker, 6 Eigelb, 1 abgeriebene unbehandelte Zitrone, Prise Salz

Aus den Zutaten einen Knetteig herstellen und ihn ca. eine Stunde im Kühlschrank ruhen lassen. Den Teig ca. ½ cm dick ausrollen und mit Förmchen ausstechen. Die Plätzchen auf ein gefettetes Backblech legen, mit restlichem Eigelb bestreichen und bei 180° (Umluft) etwa 15 Minuten goldgelb backen.

Bischofsbrot

5 ganze Eier, 250 g Zucker, 250 g Mehl. 250 g ganze Mandeln (abgebrüht und geschält), 250 g Sultaninen, 15 g Zimt

Eier und Zucker schaumig rühren, die restlichen Zutaten daruntermengen. Masse in eine gefettete Kastenform geben. 1 Stunde bei 175° backen. Zum Servieren dünn aufschneiden.

Nikolaus-Spekulatius

500 g Mehl, 1 Teelöffel Backpulver, 10 g geriebene Mandeln, 250 g Zucker, 250 g Butter, 3 Eier, 1 Teelöffel Zimt, Vanillezucker, Kardamom, Nelken

Das Mehl mit dem Backpulver und den geriebenen Mandeln vermischen. Aus den restlichen Zutaten eine dicke Masse kneten und zusammen mit der Mehl-Mischung zu einem dicken Kloß verarbeiten. Den Teig dünn ausrollen und in mit Mehl bestäubte Spekulatius-Förmchen streichen, aus den Formen nehmen und auf einem eingefetteten Backblech bei 180 bis 200° C goldgelb backen.

Weckmann mit Tonpfeife

1 Päckchen Trockenhefe, 1 Teelöffel Zucker, ⅛ l Milch, 300 g Mehl, 80 g Zucker, Prise Salz, 80 g weiche Butter, 2 Eigelb, 1 Messerspitze Safranpulver, Eigelb zum Bestreichen, Korinthen und Tonpfeifen zum Verzieren

Hefe und Zucker mit der lauwarmen Milch anrühren und 15 Minuten stehen lassen. Mehl in eine Schüssel sieben, an den Rand Zucker, Salz, Butter, Eigelb und Safran geben und von der Mitte aus mit der Hefe verrühren und alles gut durchkneten. Den Teig gehen lassen, dann ausrollen und Männerfiguren ausschneiden, auf ein gefettetes Backblech legen und mit Eigelb bestreichen. Korinthen als Augen und Knöpfe einsetzen und die Tonpfeife längs in das Männchen drücken. Die Figuren noch etwas gehen lassen und dann 15 bis 18 Minuten bei 175 bis 200° C hellbraun backen.

Apfelkrampel mit Vanillesoße

750 g Kochäpfel (z. B. Boskop), 1 bis 2 Essl. Zitronensaft, 200 g Vollkornmehl, 50 g geraspelte Mandeln, 100 g brauner Zucker, 150 g Butter, etwas Zimt

Die Äpfel werden gewaschen, geschält und geviertelt. Eine Auflaufform einfetten, Äpfel hineingeben und mit dem Zitronensaft beträufeln. Aus den Mandeln, dem Vollkornmehl, dem Zucker und der Butter Streusel herstellen, und auf die Äpfel verteilen. Alles wird nun im vorgeheizten Ofen ca. 25 bis 30 Minuten bei 220° C gebacken. Vanillesoße schmeckt besonders gut dazu.

Igel-Birnen (für 4 Personen)

8 Rosinen, 2 Birnen, 100 g Marzipan-Rohmasse, 80 g Mandelsplitter

Birnen schälen und halbieren. Das Marzipan in vier gleiche Teile schneiden und dünn ausrollen. Die Birnenhälfte damit bedecken und Mandelsplitter als Stacheln in die Birne hineindrücken. Mit den Rosinen die Augen andeuten. Die Igel-Birnen auf einem feuerfesten Teller oder in einer feuerfesten Form 10 bis 15 Minuten bei 225° C im vorgeheizten Backofen backen.

Heißer Johannisbeer-Punsch

2 Beutel Hagebuttentee, ½ l Wasser, 1 Päckchen Glühweingewürz, Saft von 1 Zitrone, 0,7 l Schwarzer Johannisbeersaft, Saft von 2 Apfelsinen, Zucker, 1 ungespritzte Apfelsine

Hagebuttentee, Glühweingewürz und den Zitronensaft mit kochendem Wasser übergießen. Dann den Saft dazugeben und alles einmal aufkochen lassen. Den mit Zucker abgeschmeckten Punsch durch ein Sieb gießen, in jeden Becher eine Scheibe Apfelsine geben und den Punsch darübergießen. Heiß getrunken, schmeckt er am besten!

Quark-Bratäpfel (für 6 Personen)

150 g Magerquark, 2 Eigelb, 40 g Zucker, 1 Päckchen Vanillezucker, ½ Teelöffel abgeriebene Zitronenschale, 20 g Sultaninen, 6 Kochäpfel (z. B. Boskoop), 20 g Butter

Die ersten sechs Zutaten miteinander verrühren. Dann von den gewaschenen Äpfeln jeweils einen „Deckel" abschneiden und die Früchte aushöhlen. Das klein gehackte Fruchtfleisch unter die Quarkmasse rühren. Mit dieser Masse die Äpfel füllen und den Deckel obenauf setzen. Dann eine feuerfeste Form einfetten, die Äpfel hineinsetzen und im vorgeheizten Ofen bei 200° C etwa 25 bis 30 Minuten backen. Das I-Tüpfelchen ist eine wohlschmeckende Vanillesoße.

Schwäbische Springerle

500 g Puderzucker, 4 Eier, abgeriebene Schale einer Zitrone, 500 g Mehl. Zum Formen des Gebäcks werden Holzmodel benötigt, die man z. B. bei Bekannten ausleihen oder in einem Haushaltswarengeschäft kaufen kann.

Das Backblech mit Fett bestreichen und mit Mehl bestäuben. Den Puderzucker mit den Eiern schaumig rühren. Nach und nach die Zitronenschale und das gesiebte Mehl unter die Schaummasse geben. Zuletzt den Teig durchkneten und ihn 1 cm dick ausrollen.

Die Holzmodel mit Mehl ausstäuben und die Oberfläche der Teigplatte dünn mit Mehl bestäuben. Kleine Teigstücke in die Model drücken, die Kanten glatt schneiden und den Teig wieder aus den Modeln klopfen. Das Mehl an der Teigoberfläche mit einem Pinsel entfernen. Die Springerle auf das Backblech legen und 24 Stunden bei Raumtemperatur trocknen lassen. Den Backofen auf 120° C vorheizen. Die Springerle mit Pergamentpapier abdecken und sie 30 Minuten auf der mittleren Schiene backen. Die ersten 20 Minuten darf die Backofentür nicht geöffnet werden! Die Oberfläche der Springerle soll weiß bleiben, nur die Unterseite darf leicht bräunen. Die Springerle 2 bis 3 Wochen kühlstellen, damit sie weich werden.

Mandelspekulatius

250 g Butter, 300 g Zucker, 100 g Marzipan-Rohmasse, 1 Ei, 2 Teelöffel gemahlener Zimt, ½ Teelöffel Kardamon, je eine Messerspitze Nelkenpulver, Muskatblüte, Salz, 500 g Mehl. Für die Model und das Backblech: Mehl, 100 g Mandeln

Die Model leicht mit Mehl ausstäuben und einen dünnen Draht zum Schneiden des Teiges bereitlegen. Die Backbleche mit Mehl bestäuben und die Mandelplättchen darauf streuen. Die Butter mit dem Zucker und der Marzipan-Rohmasse verkneten. Nun das Ei, die Gewürze und das gesiebte Mehl untermischen. Den Teig in Alufolie wickeln und ihn zwei Stunden im Kühlschrank ruhen lassen. Den Backofen auf 190° C vorheizen. Kleine Teigstücke in die Holzmodel drücken und den überstehenden Teig entlang der Model mit dem Draht abschneiden. Den Teig durch kräftiges Schlagen auf das Backblech stürzen. Die Spekulatius auf der mittleren Ofenschiene 10 Minuten backen. Die Figuren mit einem breiten Messer vom Backblech abheben und sie auf einem Kuchengitter abkühlen lassen.

Adventswaffeln

125 g Margarine, 25 bis 50 g Zucker (je nach Geschmack), 3 Eier, 1 Teelöffel Lebkuchengewürz (o. Zimt), 125 g Weizenmehl, 125 g Speisestärke, 1 Teelöffel Backpulver, ¼ l Milch

Margarine mit dem Zucker und den Eiern schaumig rühren. Lebkuchengewürz und das mit dem Backpulver und der Speisestärke vermischte Mehl löffelweise dazugeben. Mit dem Handrührgerät den Teig kräftig durchrühren. Das Waffeleisen wird vorgeheizt und ausgefettet. Nach und nach werden dann die knusprigen Waffeln gebacken. Besonders gut schmecken die noch warmen Waffeln mit Puderzucker und süßer Sahne. Wenn man die Waffeln mit Diätmargarine, Süßstoff und ohne Speisestärke zubereitet, sind sie auch für Diabetiker geeignet.

Rosinenbrötchen

150 g Quark, 6 Esslöffel Milch, 6 Esslöffel Öl, 65 g Zucker, 1 Päckchen Vanillinzucker, 1 Prise Salz, 300 g Mehl, 1 Päckchen Backpulver, 75 g Rosinen, etwas Milch

Quark, Milch, Öl, Zucker, Vanillinzucker und Salz verrühren. Die Hälfte vom Mehl unterrühren, das mit Backpulver gemischt ist. Den Rest und die Rosinen unterkneten. Den Teig zu einer Rolle formen und in 16 gleichmäßige Stücke schneiden. Diese Stücke zu kleinen Brötchen formen, dann auf ein gefettetes Blech legen und mit Milch bestreichen. Die Brötchen 20 Minuten bei 175 bis 200^0 C backen lassen.

Abbrechbrot

250 g Mehl, 1 Teelöffel Salz, 2 ½ Teelöffel Backpulver, 50 g Margarine, gut ⅛ Liter Milch, Ei, Kümmel, Mohn, Parmesankäse

Mehl, Salz und Backpulver mischen und die Margarine in Flöckchen dazugeben. Ordentlich mischen. Die Milch hinzufügen und alles zu einem Teig verkneten. Den Teig auf einer bemehlten Arbeitsfläche zu zwei langen Broten formen. Die beiden Brote auf ein gefettetes Backblech legen. Mit einem Messer in jedes Brot acht Rillen drücken und mit Ei bepinseln. Auf ein Brot Kümmel streuen und auf das andere den Parmesankäse. 15 bis 20 Minuten backen im vorgeheizten Ofen, E-Herd: 225 bis 250° C, Gas: Stufe 4 bis 5.

Honigkekse

250 g Honig, 125 g Zucker, Salz, je 65 g Butter und Schmalz, 500 g Mehl, 3 gestrichene Teelöffel Backpulver, 1 Beutel Lebkuchengewürz (fertig zu kaufen), 30 g gemahlene Haselnüsse

Honig mit Zucker, einer Messerspitze Salz, Butter und Schmalz unter Rühren erhitzen. Abkühlen lassen. Mehl mit Backpulver, Lebkuchengewürz und Haselnüssen mischen. Abgekühlten Honig untermischen, alles zu einem glatten Teig verkneten. Zwei bis drei Tage stehen lassen. Auf ein wenig Mehl ganz dünn ausrollen und mit Ausstechern Kekse ausstechen. Kekse auf dem Blech auf Backtrennpapier bei 200° C 8 bis 10 Minuten backen lassen, mit Zuckerguss oder aufgeklebten Oblaten verzieren.

Kleine Adventsbrezeln

300 g Mehl, 100 g Puderzucker, 1 Eigelb, 1 Prise Salz, 1 Fläschchen Rum-Aroma, 200 g Butter, Mehl zum Ausrollen. Für den Guss: 1 Eiweiß, 150 g Puderzucker

Das Mehl und den Puderzucker auf die Arbeitsplatte sieben. In der Mitte eine Mulde formen, darin das Eigelb, das Salz und das Rum-Aroma hineingeben. Die Butter in Flöckchen auf den Rand setzen. Das Ganze rasch zu einem Teig verkneten und dann zu einer Kugel formen. Diese muss eine Stunde zugedeckt und kühl liegen. Danach den Teig so lange durchkneten, bis er geschmeidig ist und daraus eine lange Rolle gebildet werden kann. Diese in ca. 50 Stücke schneiden und kleine Brezeln daraus formen, die auf ein Backblech gelegt und hell abgebacken werden. Anschließend die Brezeln vorsichtig mit einem Messer vom Blech lösen. Die Zutaten für den Guss gründlich verrühren. Dann die Brezeln in den dickflüssigen Guss tauchen und auf einem Kuchengitter trocknen lassen.

Einfacher Lebkuchen nach Mutters Art

250 g Honig, 125 g Zucker, 2 Essl. Öl, 500 g Mehl, 1 Päckchen Backpulver, ½ Päckchen Lebkuchengewürz, 2 Esslöffel Kakao, 1 Ei. Zum Verzieren: Puderzucker, Schokoladenglasuren, bunte Zuckerstreusel, Mandeln, Rosinen, Pistazien

Zuerst Honig, Zucker und Öl in einem Topf schmelzen. Nun das Mehl mit dem Backpulver und dem Kakao auf den Tisch sieben und mit dem Lebkuchengewürz vermischen. In die Mitte eine Vertiefung formen, da hinein die Honigmasse und das Ei geben. Alles zu einem Teig verkneten und auf einer bemehlten Fläche ausrollen. Jetzt Figuren ausstechen oder sie mithilfe von Pappschablonen ausschneiden. Das spitze Messer zwischendurch immer wieder in Mehl tunken. Die fertigen Figuren auf ein mit Backpapier ausgelegtes Backblech legen. Backzeit: ca. 10 Minuten bei 200° C, Heißluft: 175° C. Nach dem Backen und Abkühlen die Figuren mit Puderzucker oder Zucker- und Schokoladenglasuren, mit Mandeln, Rosinen, Pistazien, Zitronat usw. verzieren. Sollen die Lebkuchenfiguren als Adventsgruß an einem Tannenzweig hängen, dann vor dem Backen mit einem Zahnstocher ein Loch für den Faden in den Teig stechen. Die gebackenen Lebkuchen am besten in einer Dose luftdicht, kühl und trocken aufbewahren.

Adventspunsch

2 Teelöffel Malven- oder Hagebuttentee, 1 Esslöffel Kandiszucker, ½ Zimtstange, ½ Teelöffel Nelken, 650 ml Wasser, 4 Orangen, ½ Zitrone

Teebeutel, Zimt, Nelken und Kandiszucker mit kochendem Wasser aufgießen, 5 bis 10 Minuten ziehen lassen. Durch ein Teesieb gießen, Orangen- und Zitronensaft dazu schütten. Heiß servieren!

Biblischer Rätselkuchen

Dazu braucht man eine Bibel und schlägt die angegebenen Stellen auf. Dann erfährt man, welche Zutaten benötigt werden

1,5 Tassen Deuteronomium 32,14a
6 Stück Jeremia 17,11
2 Tassen Richter 14,18 a
4,5 Tassen 1 Könige 5,2

2 Tassen 1 Samuel 30,12 a
0,75 Tasse 1 Korinther 3,2
2 Tassen Nahum 3,12
1 Tasse Numeri 17,23
1 Prise Levitikus 2,13
3–4 Teelöffel Jeremia 6,20 b
3 Teelöffel Backpulver

Man befolge den Spruch Salomons: Sprichwörter 23,14 a. Außerdem gilt auf jeden Fall: Matthäus 19,12 d. Und wenn's ans Kuchenessen geht, lese man Lukas 14,12–14.

Mokkasterne

Für den Teig: *150 g Mehl, 2 gestrichene Esslöffel Mondamin, 1 Ei, 30 g Zucker, 1 Päckchen Vanillezucker, etwas geriebene Zitronenschale, 60 g Butter. Für die Füllung: 75 g Butter, 1 Eigelb, 2 Esslöffel Nesquik, 1 Teelöffel Wasser, 2 gestrichene Teelöffel Nescafé, Puderzucker nach Geschmack*

Zuerst alle Zutaten für den Teig kneten, der dann 30 Minuten kühlgestellt wird. Anschließend den Teig dünn ausrollen, Sterne ausstechen und sie auf ein mit Backpapier ausgelegtes Blech legen. Im vorgeheizten Ofen die Sterne bei 200° C (Elektroherd) oder Stufe 2 (Gasherd) 8 bis 10 Minuten lang backen. Für die Füllung Butter und Eigelb cremig rühren, dann Puderzucker, Nesquik, Nescafé und Wasser dazu geben. Die Hälfte der ausgekühlten Sterne mit der Creme bestreichen, dann einen Stern darauflegen und die Oberseite mit Puderzucker bestäuben.

Nussstangen (für 50 bis 60 Stück)

100 g Mehl, 150 g gemahlene Haselnüsse, 100 g Margarine, 75 g Zucker, 1 Ei, 100 g Schokoladenglasur

Auf einem Backblech Mehl und Haselnüsse miteinander vermischen, in die Mitte eine Vertiefung drücken und das Ei dazugeben. Auf dem Mehlrand Zucker und Margarine verteilen. Dann alles zu einem glatten Teig verkneten und diesen 30 Minuten kaltstellen. Inzwischen das Blech einfetten und den Backofen auf 200° C vorheizen. Aus kleinen Teigmengen bleistiftdicke Rollen formen, die in 5 cm lange Stücke geschnitten und auf das Backblech gelegt werden. Die Nussstangen auf der mittleren Schiene 15 bis 20 Minuten backen lassen und anschließend sofort vom Backblech lösen. Die beiden Enden in die Schokoladenglasur tauchen. Die fertigen Nussstangen zum Trocknen auf einen Küchenrost legen, der zuvor mit Pergamentpapier abgedeckt wurde.

Orangenzungen (für 30 bis 40 Stück)

200 g Butter, 100 g Zucker, 4 Eigelb, 100 g Rohmarzipan, abgeriebene Schale und Saft einer halben Orange, 250 g Mehl

Butter, Zucker und Eigelb schaumig rühren, den Orangensaft unter das Rohmarzipan kneten und die Mischung zur Schaummasse geben. Dann das Mehl unterrühren, anschließend mit der Spritztüte 5 cm lange Stäbchen auf ein gefettetes und bemehltes Blech spritzen. Bei Mittelhitze (175 bis 190° C) gelb backen. Nach dem Backen immer zwei Plätzchen mit Aprikosenmarmelade zusammensetzen, sie zur Hälfte in Schokoladenglasur tauchen und zum Trocknen auf einen Kuchenrost legen.

Sesamhäufchen

125 g Butter, 250 g brauner Zucker, 1 bis 2 Eier, 300 g Vollkornmehl, 2 bis 3 Esslöffel Milch, 80 bis 100 g Rosinen, 100 g Sesam, 1 Prise Salz

Butter, Zucker und Eier zu einer Schaummasse rühren, Mehl und Milch dazu geben und dann Rosinen, Sesam und Salz daruntermischen. Auf ein gefettetes Backblech mit Hilfe von 2 Teelöffeln kleine, flache „Häufchen" setzen, die mit Sesam bestreuen werden. Im vorgeheizten Backofen 10 bis 15 Minuten backen. (Elektroherd 200° C, Gasherd Stufe 3). Die Zutaten ergeben ca. 40 Plätzchen.

Waffelröllchen als „Kerzen"

Waffelröllchen, ganze Mandeln, Schokoringe mit bunten Streuseln, 1 Eiweiß und 250 g Puderzucker für die Zuckerglasur

Zuerst das Eiweiß so lange schlagen, bis es steif ist. Dann den Puderzucker gut darunter verrühren. Nun die Schokoladenringe in einer Reihe hinlegen und mit der Zuckerglasur die Waffelröllchen stehend darauf befestigen. Die Mandeln als „Kerzenflammen" auf die Waffelröllchen kleben. Die Glasur ausreichend trocknen lassen. Diese „Kerzen" eignen sich gut als Tischdekoration oder als Mitbringsel für Freunde.

Energiebällchen oder Fruchtmakronen

100 g getrocknete Aprikosen, 20 g Butter, 5 Esslöffel Sahne, 1 Esslöffel Honig, etwas Zimt und Muskat, 20 g grob zerkleinerte Haselnüsse oder Mandeln, 50 g Sonnenblumenkerne, 3 bis 4 Esslöffel Haferflocken, Oblaten (40 mm Durchmesser)

Butter, Sahne, Zimt und Muskat in einem Topf kurz aufkochen lassen. Dann die Aprikosen, die Haselnüsse bzw. die Mandeln und die Sonnenblumenkerne dazugeben und das Ganze unter Rühren leicht weiterkochen (ca. 2 Minuten) lassen. Nun die Haferflocken einrühren und die noch warme Masse mit einem Teelöffel auf die Oblaten streichen. Man kann auch mit bemehlten Händen kleine Kugeln formen und auf die Oblaten drücken. Die Makronen bei 170° C ca. 15 Minuten backen.

Mandelstangen

200 g weiße Schokolade, 5 Vollkornbutterkekse, 100 g Mandelstifte

Zuerst die Kekse grob zerbröseln und die Schokolade im heißen Wasserbad schmelzen. Wenn die Masse zu zäh ist, etwas Milch dazugeben. Dann die Keks Brösel und die Mandelstifte unter die flüssige Schokolade rühren. Die Masse anschließend in eine mit Backpapier ausgelegte Kastenform füllen, glattstreichen und im Kühlschrank abkühlen lassen. Wenn die Schokolade wieder fest ist, das ganze Stück aus der Form nehmen und es in gleich große Stangen schneiden.

Griechisches Weihnachtsgebäck

250 g Butter, 80 g Puderzucker, ½ Päckchen Backpulver, 350 g Mehl, 30 g kleingehackte Walnüsse, ganze Mandeln

Das Backpulver und 30 g Puderzucker mit der zerlassenen Butter und dem gesiebten Mehl verrühren. Den Teig gut schlagen und die Walnüsse hineinrühren. Dann jeweils einen Teelöffel Teig nehmen und ihn auf ein gefettetes Backblech setzen. Jedes „Häufchen" mit einer Mandel krönen. Die Teighäufchen im vorgeheizten Backofen 15 Minuten bei 175° C backen, bis sie leicht gebräunt sind. Das fertige Gebäck nun mit dem restlichen Puderzucker bestäuben.

Adventssemmeln

200 g Quark, 250 g fein gemahlenes Weizenmehl, 6 Esslöffel Sonnenblumenöl, 6 Esslöffel Milch, 1 Päckchen Backpulver, 4 Esslöffel Ur-Süße (getrockneter Rohrzucker, im Reformhaus erhältlich), 1 Messerspitze Salz, 1 Messerspitze Nelken, 1 Messerspitze Ingwer, 1 Messerspitze Muskatblüte, 1 Messerspitze Vanille, Rosinen

Aus Quark, Mehl, Öl, Milch, Ur-Süße, Backpulver und den Gewürzen einen Teig kneten und ihn eine Stunde zugedeckt stehen lassen. Dann Brötchen formen und sie auf ein gefettetes Backblech legen. Anschließend die Brötchen mit verquirlter Eimilch (1 Eigelb, 1 Esslöffel Milch) bestreichen und sie mit Sesam oder Mohn bestreuen. Die Brötchen werden auf der mittleren Schiene etwa 30 Minuten im vorgeheizten Backofen bei 180° C gebacken.

Nikolaus zum Singen

Ach lieber Nikolaus, schüttel dein Säckel aus!
Äpfel mit roten Backen, Nüsse zum Knacken,
die haben wir gern, die haben wir gern.

(aus: „Der fröhliche Kinderkalender"; Text und Musik: Hans Poser;
© Fidula-Verlag Holzmeister GmbH, Koblenz, www.fidula.de)

Als Nikolaus Bischof von Myra war, das war vor mehr als tausend Jahr,
da half er den Menschen bei Kummer und Not, den hungernden Kindern gab er Brot.

Den unrecht Verfolgten stand er bei. Er fegte vom Sturme die Meere frei.
Den Kranken konnte er Heilung geben, den toten Kindern neu das Leben.

Ein Diener des Heilands Jesu Christ – Nikolaus immer gewesen ist.
Das Wort des Herrn hat er ernst genommen: Lasset die Kindlein zu mir kommen.

Alle: Seitdem sind die Kinder dem heil'gen Mann von ganzem Herzen zugetan.
„Komm auch zu uns in unser Haus, komm, lieber guter Nikolaus!"

(von der Fidula-CD 4428 „Nikolaus, Nikolaus"; Musik: Klein, Richard Rudolf; Text: Holzmeister, Lieslotte, © Fidula-Verlag Holzmeister GmbH, Kobblenz, www.fidula.de)

Dich rufen wir, Sankt Nikolaus!
Auf Erden geht die Not nicht aus.
Du weißt es wie kein andrer.
Geh um, geh um, du gütiger Wandrer.

Geh um, hab auf die Menschen acht.
Geh um. In dunkler, kalter Nacht
sitzt mancher in seinem Jammer.
Hilf du, hilf du, wirf Gold in die Kammer!

Du Mann aus Myra, deine Zeit
ist nie vorbei, ist jetzt, ist heut.
Geh um in viel Gestalten!
Hilf mir, hilf mir, dein Amt zu verwalten!

(© Josef Guggenmos)

Lasst uns froh und munter sein
und uns recht von Herzen freun!
Lustig, lustig, traleralera,
bald ist Niklausabend da,
bald ist Niklausabend da.

Dann stell ich den Teller auf,
Niklaus legt gewiss was drauf.
Lustig ...

Wenn ich schlaf, dann träume ich:
Jetzt bringt Niklaus was für mich
Lustig ...

Wenn ich aufgestanden bin,
lauf ich schnell zum Teller hin.
Lustig ...

Niklaus ist ein guter Mann,
dem man nicht g'nug danken kann.
Lustig ...

(Volksgut)

Nikolaus, du Freund der Kinder,
Bischof, guter Hirt.
Sieh uns, hör uns, wie wir rufen
wir sind so verirrt,
wir sind so verirrt.

Nikolaus, du Freund der Armen,
lass sie nicht allein.
Hör doch ihren großen Hunger
auf zum Himmel schrei'n,
auf zum Himmel schrei'n.

Nikolaus, du Weitgereister,
hast du keine Ruh?
Hier bist du und da bist du –
und das wie im Nu,
und das wie im Nu.

Nikolaus, du Gottesfreund,
hast ein weites Herz,
stillst mit übergroßer Güte
Hunger und auch Schmerz,
Hunger und auch Schmerz.

(Text: Wilhelm Willms,
© KiMu Kinder Musik Verlag GmbH, 64285 Darmstadt)

Niklaus komm in unser Haus, pack die großen Taschen aus.
Lustig, lustig, tralerallala! Heut ist Niklausabend da,
heut ist Niklausabend da.

Stell das Pferdchen unter den Tisch, dass es Heu und Hafer frisst.
Lustig, lustig, trallerallala, heut ist Nikolausabend da! ...

Heu und Hafer frisst es nicht, Zuckerplätzchen kriegt es nicht.
Lustig, lustig, trallerallala, heut ist Nikolausabend da! ...

(Volksgut)

Nikolaus, Sankt Nikolaus, du bist ein guter Mann.
Du lässt uns Kinder nicht allein, du bist uns zugetan,
du bist uns zugetan.

Nikolaus, Sankt Nikolaus, du halfst mit starker Hand.
Du hast in jedes Haus gesehn, es dankt dir Stadt und Land.

Nikolaus, Sankt Nikolaus, sei uns auch heut nicht fern!
Wir warten jedes Jahr auf dich, zeig uns den Weg zum Herrn!

Nikolaus, Sankt Nikolaus, hilf uns doch jetzt verstehn,
die Botschaft Jesu, unseres Herrn, und seine Wege gehn.

(© Michael Cratzius)

Wir feiern heut Sankt Nikolaus,
den guten heil'gen Mann.
Er ging gar oft von Haus zu Haus
und hört die Not sich an.

Oft gab er da ein gutes Wort
und dort ein Stückchen Brot.
Er hilft und heilt an manchem Ort
und lindert große Not.

So feiern wir sogar noch heut
den guten Nikolaus.
Wir haben alle große Freud,
leert den Sack uns aus.

Refrain:
Willkommen, lieber Nikolaus! Wir warten so auf dich!
Und kommst du heut zu uns nach Haus, dann freut ein jeder sich.

Wir warten schon so lange, jetzt in der Weihnachtszeit.
Wo bleibst du nur, wo bleibst du nur? Ist denn der Weg so weit? –
Refrain –

Es steht der große Sessel, schon längst für dich bereit.
Und klopfst du endlich an die Tür, dann ist es bald so weit. –
Refrain –

Wir übten viele Lieder, die singen wir im Chor,
wenn du zu uns herein jetzt kommst, dir alle gerne vor. – Refrain –

Wir sagen dir Willkommen und streicheln leicht und zart,
wenn du es uns vielleicht erlaubst, dir deinen weißen Bart. –
Refrain –

Wenn dir dein Sack zu schwer ist, dann raten alle dir:
Was du zu viel zu tragen hast, das lass' doch einfach hier! –
Refrain –

Und musst du wieder gehen, dann bitten wir dich sehr:
Komm ganz bestimmt im nächsten Jahr zu uns hier wieder her! –
Refrain –

(Text: Rolf Krenzer; Musik: Peter Janssens, aus: Das Licht einer Kerze, 1991; alle Rechte im Peter Janssens Musik Verlag, Telgte-Westfalen)

Nikolaus zum Schmökern

Wenn Geschichten so geschrieben sind, dass wir sie unseren Kindern und Enkeln gerne vorlesen, sind sie meist so gut, dass auch Erwachsene sie mit Gewinn lesen können. Hier folgen einige Beispiele:

Nikolaus und Jonas mit der Taube

Willi Fährmann

Schon viele Monate lang brannte die Sonne Tag für Tag auf die Erde. Das Gras färbte sich braun und raschelte dürr im Wind. Auf den Feldern verdorrte das Korn. Selbst an den großen Bäumen begann das Laub zu welken. Keine Wolke zeigte sich am Himmel. Es wollte und wollte nicht regnen. Die Wasserstellen waren längst ausgetrocknet. Nur die tiefsten Brunnen spendeten noch Wasser. Die Frauen schöpften daraus. In Krügen trugen sie das kostbare Wasser auf ihren Köpfen heim. Die Tiere fanden nicht ein grünes Kraut. Auch die Menschen litten Hunger. Über das ganze Land brach eine Hungersnot herein.

In der Stadt Myra waren die Vorratskammern längst leer. Selbst für viel Geld gab es keinen Bissen mehr zu kaufen. Die Kinder weinten und schrien nach Brot. Doch die Mütter konnten ihnen nicht einmal eine harte Kruste geben. Die Ratten liefen bereits am hellen Tag durch die Straßen und suchten in den Gossen nach Nahrung. Aber auch sie fanden nichts. Da näherten sich eines Tages drei Schiffe dem Hafen am Meer. Sie kamen aus der fernen Stadt Alexandria. Schwer beladen waren sie und lagen tief im Wasser. Sie wollten Korn in die Kaiserstadt Konstantinopel bringen.

Nikolaus war zu dieser Zeit Bischof in der Stadt Myra. An dem Tag, als die Schiffe auf den Hafen zusteuerten, machte er sich auf den Weg. Er wollte einen Kranken besuchen. Unterwegs bemerkte er einen Jungen, der die Straße zum Hafen hinablief. Trotz aller Eile barg er behutsam eine blaue Taube an seiner Brust.

„Wer bist du?" fragte der Bischof den Jungen und schritt neben ihm her.

„Ich bin Jonas mit der Taube."

„Deine Taube ist ein schöner Vogel", sagte der Bischof.

„Sie ist müde und matt", klagte der Junge. „Vorgestern gab ich ihr das letzte Maiskorn, das ich hatte. Seit gestern rührt sie keinen Flügel mehr."

„Und wohin willst du so eilig?" fragte der Bischof.

Da antwortete der Junge: „Ich will zum Hafen, Herr Bischof. Dort sollen drei Schiffe festgemacht haben."

„Drei Schiffe?" Der Bischof staunte. „Was wollen denn Schiffe in unserem Hafen? Bei uns gibt es nichts mehr, was sie einladen könnten."

„Die Schiffe sind voll beladen", sagte der Junge. „Kornschiffe sind es. Sie kommen aus Alexandria und wollen nach Konstantinopel weitersegeln."

Da nahm Nikolaus den Jungen bei der Hand und ging mit ihm zum Hafen.

Schiffe, mit Korn hoch beladen, das konnte die Rettung für die Menschen in Myra sein. Aus Korn kann man Mehl mahlen. Aus Mehl wird Brot gebacken. Brot stillt den Hunger. Korn bedeutete das Ende der Hungersnot. Niemand musste mehr am Hunger sterben. Brot, das war Hoffnung in Todesnot.

Auf dem freien Platz vor dem Hafen drängten sich viele Menschen. Sie waren herbeigeeilt, weil sie die Kornschiffe sehen wollten. Jeder hoffte, dass er Korn kaufen könnte.

„Ich werde Korn für meine Taube bekommen", sagte der Junge. Weil sein Magen vor Hunger knurrte, fügte er hinzu: „Und auch für mich möchte ich Korn haben."

Doch es war kein Jubel zu hören. Niemand stieß einen Freudenschrei aus. Stumm standen die Menschen und starrten auf die Schiffe. An der Bordwand der Lastschiffe hatten sich die Matrosen versammelt. Sie trugen Lanzen in den Händen. Drohend richteten sie die Spitzen ihrer Waffen gegen die Menge. Jonas mit der Taube hielt die Hand des Bischofs ganz fest. Er hatte Angst vor den finsteren Gesichtern der Matrosen.

Nikolaus drängte sich bis zur Hafenmauer vor. „Wo ist der oberste Kapitän dieser Schiffe?“ rief er. „Ich möchte mit ihm sprechen.“

„Ich bin der oberste Kapitän“, antwortete ein großer schwarzbärtiger Mann.

„Kann ich zu dir auf das Schiff kommen?“ fragte der Bischof.

„Komm auf das Schiff, aber komm allein!“ sagte der Kapitän.

Zwei Matrosen schoben ein schmales Brett vom Schiff bis auf die Ufermauer. Nikolaus ließ die Hand des Jungen los und schritt über den schwankenden Steg. Die Planke wippte. Dem Bischof wurde ein wenig schwindelig. Da lief Jonas mit der Taube ihm leichtfüßig nach, ergriff wieder seine Hand und führte den Mann sicher hinüber. Beide gelangten heil an Bord des Schiffes.

„Was willst du von mir?“ fragte der Kapitän.

„Du siehst, Kapitän, die Leute in Myra leiden großen Hunger. Nirgendwo in der ganzen Gegend kann man Brot kaufen. Deine Schiffe sind bis an den Rand mit Korn gefüllt. Verkaufe den Leuten einen Teil deiner Ladung.“

„Das darf ich nicht“, antwortete der Kapitän. „In Alexandria ist die Ladung genau gewogen worden. Kein Korn zu viel, kein Korn zu wenig. Du weißt selber, was mit einem Kapitän geschieht, der seine Ladung nicht bis auf das letzte Pfund in Konstantinopel abliefert. Der Kaiser lässt ihm den Kopf abschlagen.“

„Aber die Leute müssen sterben, wenn du ihnen nicht hilfst“, sagte der Bischof.

Einen Augenblick lang dachte der Kapitän nach. Dann aber schüttelte er den Kopf und sagte: „Mein Hals ist mir näher als euer Hunger. Wenn ich zwei Köpfe besäße, dann würde ich einen wohl wagen, um euch aus der Not zu helfen.“

„Hat nicht der Heiland mit fünf Broten die große Volksmenge satt gemacht? Sind nicht damals zwölf Körbe voll Brot übriggeblieben?“ fragte der Bischof. „Hilf uns, und kein Körnchen wird an deiner Ladung fehlen.“

„Ich kenne die Jesusgeschichte sehr gut", sagte der Kapitän. „Wenn das stimmt, dass mir kein einziges Korn fehlen wird, dann will ich helfen."

Der Kapitän zog ein Stück Kreide aus der Tasche. Er kletterte an der Strickleiter bis zum Wasser hinunter. Genau dort, wo der Wasserspiegel die Schiffsplanken berührte, machte er einen Kreidestrich an die Bordwand. Neugierig beugte sich Jonas mit der Taube über die Reling und schaute ihm bei seinem Tun zu. „Wir werden es sehen", sagte der Kapitän listig. „Ihr könnt von dem Korn nehmen, so viel ihr wollt. Doch ihr tragt es nicht weg, sondern schüttet es auf das Pflaster des freien Hafenplatzes. Wenn die Ladung leichter wird, hebt sich mein Schiff ein wenig aus dem Wasser. Der Kreidestrich steigt dann höher hinauf. Wenn das geschieht, müsst ihr das ganze Korn wieder einladen und gebt euch zufrieden."

Nikolaus nickte.

„Stimmt dein Wort aber", fuhr der Kapitän fort, „dann steigt das Schiff kein Stückchen, und der Kreidestrich wird genau in der Höhe des Wasserspiegels bleiben. Die Ladung wird, wie du gesagt hast, nicht leichter. In diesem Falle könnt ihr das Korn behalten, das ausgeladen wurde."

Die Matrosen lachten. Sie kannten ja das Ergebnis im Voraus.

„Warum lachst du?" fragte Jonas mit der Taube den alten Matrosen, der neben ihm stand.

„Hat je ein Mensch erlebt, dass ein Schiff sich nicht aus dem Wasser hebt, wenn es ausgeladen wird?" antwortete der Matrose.

„Bischof Nikolaus lügt nicht, wart es nur ab", sagte Jonas mit der Taube.

Da streichelte der alte Matrose mit seinen rauen Händen ganz zart das Kopfgefieder der Taube, bückte sich, griff eine Handvoll von den Körnern und steckte sie dem Jungen in die Tasche. „Da", sagte er, „damit du nicht ganz vergebens geglaubt hast."

Einige Männer aus Myra durften über die Planke gehen und das Schiff betreten. Sie luden das Korn in Säcke, hoben die Last auf ihre Schultern und schleppten sie an Land. Dort schütteten sie die goldenen Körner auf das glatte Steinpflaster. Allmählich wuchs der Körnerhaufen zu einem kleinen Hügel.

„Schluss jetzt!" rief der Kapitän. „Wir wollen sehen."

Alle Männer aus Myra mussten das Schiff verlassen. Der Kapitän beugte sich über die Bordwand und schaute nach dem Kreidestrich. Er traute seinen Augen nicht und kletterte die Leiter hinunter. Der Kreidestrich und der Wasserspiegel standen immer noch auf gleicher Höhe. Ungläubig starrte er auf die schwarzen Planken. Doch es gab keinen Zweifel, das Schiff war nicht leichter geworden. Vielleicht ist es noch nicht genug, dachte er und befahl: „Weiter! Nehmt mehr von dem Korn!"

„Siehst du?" sagte Jonas mit der Taube zu dem alten Matrosen. Dann hockte er sich auf die Planken des Schiffes nieder. Er hatte für sich selbst noch keinen Bissen von dem Korn genommen. Seine Taube aber pickte Korn um Korn aus seiner hohlen Hand.

Viele Säcke leerten die Männer aus. Der Berg von Korn wuchs schließlich so hoch, dass kein Mensch darüber hinwegschauen konnte. Der Kapitän aber wandte kein Auge von dem Kreidestrich. Doch dieser stieg nicht einen Fingerbreit aus dem Wasser. Das Schiff wurde nicht leichter. Auch die Matrosen sahen es jetzt: Im Schiffsbauch nahm das Korn nicht ab, so viel die Männer auch davonschleppten.

„Genug, ihr Männer!" sagte schließlich der Bischof. „Das Korn reicht aus. Wir haben genug zu essen bis zur nächsten Ernte. Und für die neue Saat wird das Korn auch reichen. Die Hungersnot hat ein Ende."

Da fielen alle, die dabei gewesen waren, auf die Knie nieder. Sie lobten und dankten Gott. Die einen dachten dabei an das Wunder, das sie mit eigenen Augen gesehen hatten, und die anderen dachten an die Hungersnot, aus der sie so wunderbar errettet worden waren. Die Matrosen aber legten ihre Lanzen nieder und verließen die Schiffe. Die Menschen von Myra reichten ihnen die Hände. Sie waren glücklich und jubelten Bischof Nikolaus zu. Der bestimmte Männer, die von dem Korn an die Leute austeilten. Jonas mit der Taube ritt hoch auf den Schultern des alten Matrosen vom Schiff hinab auf den Platz am Hafen.

„Er hat es von Anfang an geglaubt“, rief der alte Matrose laut über den Platz.

Später segelten die drei Schiffe wieder davon, der fernen Stadt Konstantinopel zu. Die Taube aber regte ihre Flügel, hob sich in die Luft und begleitete die Schiffe ein Stück auf das Meer hinaus. Dann erst kehrte sie zu dem Jungen zurück.

Wer diese Legende kennt, der weiß, warum die Armen und Hungernden den heiligen Nikolaus besonders verehren. Auch heute noch singen die Kinder:

Nikolaus, komm in unser Haus,
pack die große Tasche aus.

(Aus: Willi Fährmann, Nikolaus und Jonas mit der Taube, © Echter Verlag Würzburg 2003)

Die Legende von der Rettung aus Seenot

Willi Fährmann

Lang, lang ist's her. Es gab noch keine Autos, keine Eisenbahnen und auch noch keine Flugzeuge. Die Seeleute, die damals mit ihren Schiffen über das Meer fuhren, spannten große Segel auf. Die Kraft des Windes trieb ihr Schiff von Hafen zu Hafen. Aus dieser Zeit erzählt man sich die Geschichte, wie der heilige Nikolaus, der Bischof von Myra, zum Schutzpatron der Schiffer geworden ist.

Eines Tages segelte ein stolzes Schiff durch das Mittelmeer. Es wollte nach Konstantinopel. An Bord trug es reiche Schätze Arabiens. Es war wohlausgerüstet und hatte eine tüchtige Mannschaft. Der Kapitän war ein alter, erfahrener Seemann. Schon war der ersehnte Hafen nicht mehr weit, da verdüsterte sich der Himmel,

Wind sprang auf, und die Kämme der Wellen wurden schaumig und weiß.

Doch der Kapitän hatte mit seinem Schiff schon so manches böse Wetter durchgestanden. Er wusste, was zu tun war. Er ließ die Segel reffen. Das Ruder nahm er selber in die Hand. Genau dem Wind entgegen, drehte er den Bug seines Schiffes. Die Seeleute gehorchten seinen Befehlen aufs Wort. Doch der Wind wurde immer wütender, wuchs zum Sturm, heulte in den Tauen und Masten und riss den Leuten die Worte vom Mund.

Noch kämpfte das Schiff unverdrossen gegen die Wellen an. Aber schon türmte der Sturm das Wasser zu Bergen, schon warfen sich die Wellen über die Bordwand und überspülten das Deck. Breitbeinig stand der Kapitän und hielt das Ruder fest. Sein Steuermann half ihm dabei. Jetzt prasselten Regenschauer hernieder. Es wurde finster wie in der Nacht; eine Nacht ohne Stern, ohne Mond. Wieder schäumte ein Wellengebirge hoch auf, zerbrach und stürzte auf das Schiff. Das Holz ächzte. Ein Zittern durchlief den Schiffsrumpf und alle, die er trug. Pfeifen und Knirschen fuhr durch den Mast, ein Splittern, ein Krachen! In halber Höhe zerbarst ein Mast. Wie wild hieben die Männer mit Beilen und Äxten die Taue durch, damit das Wasser das gebrochene Holz wegschwemmen konnte. Doch eine Woge riss den mächtigen Mast hoch auf, schlug ihn gegen das Schiff und stieß ein Loch in die Bordwand. Immer noch hielten die Taue den Rammbock. Da liefen die Seeleute fort, um dem wildgewordenen Mastholz zu entgehen. Schon sah der Kapitän sein Schiff verloren, da fiel ihm in der höchsten Not ein, was er einst vom Bischof Nikolaus von Myra gehört hatte.

„Sankt Nikolaus, Sankt Nikolaus! Bitte für uns!“, schrie er dem Sturm entgegen. Die Seeleute, die ihm am nächsten standen, hörten seinen Schrei. Sie nahmen den Ruf auf. So drang er bis in das Vorschiff.

„Sankt Nikolaus! Bitte für uns!“, schrien die Matrosen. Mit einem Male wurde es ein wenig heller. Plötzlich stand mitten auf dem Schiff ein Mann, den sie nie zuvor gesehen hatten. Er schwang seine Axt und hieb auf die Haltetaue ein. Die Matrosen fassten durch sein Beispiel wieder Mut und kappten die letzten Taue, die den gefährlichen Mastbaum noch hielten. Die nächste Woge trug ihn weit vom Schiffsrumpf fort.

Stunden noch wütete das Wasser, doch nach und nach wurden die Wellen zahmer, und allmählich flaute der Wind ab. Als schließlich die Sonne zwischen jagenden Wolken hin und wieder hervorschaute, da war die ärgste Gefahr vorbei.

Aber wie sah das stolze Schiff aus! Wie ein zerzauster Vogel trieb es auf dem Meer. Zerrissen die Planken, zersplittert die Bordwand, verwüstet das Deck, weggeschwemmt die Ladung. Endlich übergab der Kapitän dem Steuermann wieder das Ruder.

„Bringt mir den Mann her, der uns gerettet hat!", befahl der Kapitän. Doch so sehr die Seeleute auch suchten, sie fanden ihn nicht. Am nächsten Tag tauchte die Küste von Kleinasien in der Ferne auf. Ein Notsegel, am Maststumpf mühsam aufgeknüpft, trieb sie langsam in den Hafen von Myra.

Die Matrosen vertäuten das verwundete Schiff. Sie warfen sich in ihre Kojen und wollten nichts als schlafen, schlafen, schlafen. Der Kapitän aber ging mit seinem Steuermann zur Kirche von Myra hinauf. Er wollte dem Herrn für die Rettung aus Seenot danken. In der Kirche wurde gerade ein Gottesdienst gefeiert. Vorn am Altar stand der Bischof. Als die Seeleute näherkamen, erkannten sie ihn. Sie sahen, dass er der Mann war, der ihnen auf dem Meer so wunderbar geholfen hatte. Da priesen sie Gottes wunderbare Güte.

Überall verbreitete sich unter den Seeleuten diese Geschichte. So wurde der heilige Nikolaus der Patron aller Seeleute und Schiffer.

(Aus: Willi Fährmann, Timofej der Bilderdieb, © Willi Fährmann)

Die Landung des heiligen Nikolaus

Norbert Hoffmann

Es war nun doch später geworden als geplant. Nur mit Mühe hatte ich die Stadt Bari – unten in der Hacke des italienischen Stiefels – erreicht, bevor es dunkel wurde.

Ein Quartier für die Nacht und ein gutes Essen, das ist für mich nun erst mal das Wichtigste. Dann der übliche Spaziergang durch die Stadt: Eindrücke sammeln, die Stadt auf mich wirken lassen.

Plötzlich höre ich in der Ferne Musik.

Das bedeutet in diesen süditalienischen Städten immer etwas Gutes. Ganz von selbst wird mein Schritt schneller. Die Musik wird lauter. Vor mir taucht der Hafen auf. Einige Fischerboote dümpeln dort vor sich hin. Die Mole – der Platz vor dem Hafen – ist dichtgedrängt voller Menschen. Sie tragen Fackeln in den Händen. Von dort kommt auch die Musik. Ganz vorn an der Kaimauer kann ich an ihren Hüten Bischöfe erkennen, ferner Priester und Männer und Frauen in Kostümen vergangener Zeiten. Alle blicken aufs Meer hinaus. Auch ich schaue dorthin und entdecke ein Fischerboot. Es ist festlich erleuchtet und bunt geschmückt. Mitten darauf steht eine Statue. „Viva San Nicola!", rufen die Menschen. Und die Musik spielt noch lauter.

„Was ist da los?" frage ich einen alten Mann, der neben mir auf der Mauer steht.

„Wohl ein Fremder?" Der alte Mann nickt bedächtig. „Kommt am Tag des heiligen Nikolaus nach Bari und weiß nicht, was hier los ist! Typisch, diese Fremden!" –

„Moment", versuche ich mich zu rechtfertigen, „der Tag des heiligen Nikolaus ist doch der 6. Dezember. Und jetzt haben wir Mai!" –

„Ja, richtig, Fremder. Heute ist der 8. Mai! Das ist der Vorabend des 9. Mai. Und an einem 9. Mai ist der heilige Nikolaus hierher zu uns nach Bari gekommen. Und in diesem Jahr ist ein besonderes Fest: Es ist nämlich genau 900 Jahre her, dass der heilige Nikolaus in unsere Stadt kam." –

„Jetzt verstehe ich gar nichts mehr“, entgegnete ich. „Der Heilige heißt doch Nikolaus von Myra – und Myra, das ist doch nicht Bari!“

Der Alte schaut mich mitleidig an, als wolle er sagen: „So viel Dummheit auf einmal kann es doch gar nicht geben!“ Aber dann zieht er mich am Ärmel zu einer kleinen Wirtschaft, vor der ein paar Tische auf der Straße stehen. „Komm, wir setzen uns da drüben an den Tisch!“ Ich bestelle eine Flasche Wein. Er beginnt zu erzählen.

„Der heilige Nikolaus wurde ungefähr um 245/250 in Patara in Kleinasien – das liegt heute die Türkei – geboren. Etwa um 285 wurde er Bischof von Myra. Dort starb er im Jahre 326 und wurde in der Bischofskirche begraben.

Viele Jahre später eroberten die Türken Myra. Sie zerstörten die ganze Stadt – auch die Bischofskirche, in der der heilige Nikolaus begraben war.

761 Jahre nach dem Tod des Bischofs Nikolaus – im März des Jahres 1087 – verließen drei Schiffe mit Getreide den Hafen von Bari. Sie wollten in Kleinasien Handel treiben. Aber aus dieser Handelsfahrt wurde nichts. Die Männer aus Bari erfuhren nämlich, dass Seeleute aus Venedig unterwegs waren, um aus der Stadt Myra den Leichnam des heiligen Nikolaus nach Venedig zu holen.

Die Stadt Myra lag ganz in der Nähe. Dorthin fuhren die Männer aus Bari. Sie fanden den Leichnam des Heiligen, brachten ihn aufs Schiff und fuhren zurück nach Bari. Am 9. Mai des Jahres 1087 trafen sie abends in Bari ein. Wie ein Lauffeuer sprach sich diese Nachricht in der Stadt herum.

Die Menschen strömten zusammen – so wie jetzt hier im Hafen. Alle wollten sie den heiligen Nikolaus empfangen.“

„Und das spielt ihr heute nach?“, frage ich den alten Mann.

„Ja, natürlich. Jedes Jahr am 9. Mai feiern wir die Ankunft des heiligen Nikolaus. In diesem Jahr besonders feierlich. Heute Morgen haben wir die Statue des Heiligen in einer Prozession von der Basilika durch die ganze Stadt bis zum Hafen getragen. Dort haben wir einen festlichen Gottesdienst gefeiert. Dann wurde der Heilige auf ein Fischerboot gebracht, das mit ihm aufs Meer hinausfuhr. Und jetzt, jetzt kommt der heilige Nikolaus wieder an Land. Lass uns schnell hinüberlaufen, damit wir das richtig miterleben können!"

„Halt, Moment!", rufe ich. „Was passiert denn nun weiter?"

„Wirst du gleich selbst erleben!" – „Ja" aber, morgen und in den nächsten Tagen?" – Der alte Mann bleibt stehen und sagt nur ganz kurz in Stichworten: „Morgen ist Festgottesdienst in der Basilika mit vielen Bischöfen. Am 11. Mai geht die Prozession von der Piazza Mercantile zur Bischofskirche. Und am 31. Mai tragen wir den heiligen Nikolaus in unserer Prozession zurück zur Basilika San Nicola."

Ich versuche, meinem Führer zu folgen. Aber schon habe ich ihn in der Menschenmenge aus den Augen verloren. Dann beginnt ohrenbetäubender Lärm. Mit alten Kanonen wird dem heiligen Nikolaus Salut geschossen. Während die Statue vom Schiff an Land getragen wird, beginnt die Blaskapelle wieder aus Leibeskräften zu blasen. Dann geht die Prozession los. Überall sind die Häuser mit Fahnen, Girlanden und Pechfackeln geschmückt. Dicht gedrängt stehen die Menschen am Weg. Eine ungeheuer lange Prozession zieht an mir vorbei. Auf einem gewaltigen Traggestell ist die Statue des heiligen Nikolaus befestigt. Sie wird von wenigstens zwanzig jungen Männern getragen.

Aber es ist alles irgendwie anders als bei uns. Mir ist das schon bei der Musik aufgefallen. Sie hat einen viel schnelleren Takt als bei unseren Prozessionen. Die Träger laufen daher in einer Art schwingendem Tanzschritt durch die Straßen und Gassen. Immer wieder kürze ich den Prozessionsweg ab. So kann ich den Heiligen wenigstens zehnmal sehen.

Es wurde spät in dieser Nacht des heiligen Nikolaus. Denn die Menschen in Bari feierten die Heimkehr ihres Heiligen. An Schlaf war sowieso nicht zu denken; da feierte man besser mit.

(Aus: Norbert Hoffmann, Der kleine Esel August und andere Geschichten zur Advents- und Weihnachtszeit, S. 16, (c) Butzon & Bercker GmbH, Kevelaer, www.bube.de)

Nikolaus von
A – Z

A

Advent

Seit dem Ende des 4. Jahrhunderts lässt sich in Spanien und Gallien eine zunächst dreiwöchige Vorbereitungszeit auf Weihnachten beobachten (lat.: *adventus*: Ankunft; griech.: *epiphaneia*: Zeit der Vorbereitung auf das Fest der Menschwerdung), die sich durch eifrigen Gottesdienstbesuch und Askese (Fasten, gute Werke) auszeichnet. Entstanden sein dürfte der Advent (auch: Adventfasten, Adventquadragese, Tokunft unses heren, Singezeit, Quadragesima parva, Winterquadragese) unter orientalischem Einfluss als Vorbereitungszeit auf die Taufe. Nach Gregor von Tours († 594) hat Bischof Perpetuus von Tours († 491) eine vierwöchige Adventfastenzeit nach dem Vorbild der österlichen Fastenzeit eingeführt, beginnend nach Martini (den Adventbeginn nannte man auch: *caput adventus*). Martini und der 11. 11. als letzter Tag vor der Fastenzeit haben darum närrische Züge angenommen (winterliches Karnevalsbrauchtum): Der Karneval findet gleichfalls vor dem Fastenbeginn im Frühjahr statt. Seit der zweiten Hälfte des 6. Jahrhunderts galt in der gallischen Liturgie das Adventsfasten allgemein; Ziele waren Buße und Umkehr: Erwartet wurde die Geburt des Erlösers. Im 6. Jahrhundert lässt sich das Begehen des Advents auch in Rom nachweisen, allerdings wohl sechs Sonntage umfassend, was Papst Gregor I. († 604) zur Kürzung auf vier Sonntage veranlasste. Erst aber die dem Konzil von Trient (1545–1563) folgenden Liturgiebücher schrieben den Advent gesamtkirchlich vierwöchig vor; Mailand hält bis heute an einem sechswöchigen Advent fest.

Adventbräuche

Beliebtester Adventbrauch ist heutzutage das Aufstellen eines Adventkranzes als Zeitmesser mit vier Kerzen für die vier Adventsonntage. Eine ähnliche Funktion hat der Adventkalender für Kinder, der die Tage des Dezembers bis Weihnachten zählt. Seit dem 15. Jahrhundert sind die Klöpflesnächte, ein Orakelbrauch, bekannt. Das Klöpfeln als Heischebrauch der Kinder ist verknüpft mit dem Hinweis auf die Geburt Christi (seit der ersten Hälfte des 16. Jahrhunderts). Das Ansinge-Lied wird im 17. Jahrhundert dem Kirchenlied immer ähnlicher (vgl. Sternsingen). Das Frautragen, das Tragen eines Marien- oder Josefsbildes bzw. einer entsprechenden Plastik, von Haus zu Haus, stellt eine spätere Form der Herbergssuche dar und wird örtlich wieder neu belebt. „Advent-Blasen", „den heiligen Christ herabblasen", also Turmblasen, ist in Nordwestdeutschland und in den Niederlanden üblich. Rorate-Messen oder Rorate-Ämter, besondere Adventgottesdienste, gibt es ebenfalls bis in die Gegenwart. Das Advent-Fasten (vgl. Advent) dagegen hat schon das Kirchenrecht von 1917 nicht mehr gefordert. Der Tag der heiligen Lucia (= Wintersonnwende) nimmt die Lichtsymbolik in Form der Kerzenkrone auf. Heiligenfeste im Advent galten als Lostage für Wetter, Beginnen, Heirat: Andreas, Barbara (Barbarazweige), Thomas. Das Fest des heiligen Nikolaus, im Mittelalter Kinderbeschenktag und Termin für das Kinderbischofsspiel (vgl. *ludus episcopi puerorum*), verschmolz mancherorts mit alten nächtlichen Lärmumzügen Vermummter (Buttnmandeln, Klausen, Strohschab, Knecht Ruprecht, raue Perchta). Der Adventkalender hat seit dem 19. Jahrhundert das Strohhalmlegen verdrängt. Wo Weihnachtskrippen als Wandelkrippen aufgestellt sind, beginnt in der Adventzeit der Aufbau und die Gestaltung der Krippe.

Apfel

Einerseits ist der Apfel das „Hausobst" des heiligen Nikolaus. Die Äpfel symbolisieren die Goldklumpen des Heiligen aus der Jungfrauenlegende. Andererseits war der Apfel durch die Paradiesspiele zur Frucht des Lebens geworden; nach mittelalterlichem Verständnis konnte die sündhafte Frucht nur ein Apfel sein, denn, so die damals einleuchtende Begründung, Apfel und Übel, also Schuld (Apfel = lat.: *malum*; das Übel = lat. *malum*) klangen schließlich nicht ohne Grund ähnlich. Der Apfel versinnbildlicht Fruchtbarkeit und Wohlstand. Mancherorts aß man am Heiligabend einen

Apfel, der im kommenden Jahr vor Unglück schützen sollte. In Westfalen schenkte man sich zu Weihnachten wechselseitig Äpfel, die sofort verspeist werden mussten, „damit einem das Geld niemals ausgeht". Im Westen Deutschlands hob man die Apfelkerne der zu Weihnachten verspeisten Äpfel auf, um die Apfelkerne einzupflanzen. In vielen Orakelbräuchen ist der Apfel unentbehrlich: Ein Mädchen, das am Heiligabend einen Apfel teilt, kann an den Kernen im Apfelgehäuse seine Zukunft ablesen (Apfelorakel). Unverletzte Kerne künden Gesundheit, ein wie ein Stern geformtes Kerngehäuse zeigt Glück und Segen an. Wer Weihnachten einen Apfel so schält, dass die ganze Schale ein komplettes Band bildet, kann dieses über die rechte Schulter nach hinten werfen. Die Lage der Schale gibt Aufschluss über Braut oder Bräutigam, Hochzeitstermin usw. Für die jungen Burschen gab es ein eigenes Liebesorakel. Ein junger Mann, der am Weihnachtsmorgen einen Apfel essend vor dem Hoftor saß, erfuhr, wen er im nächsten Jahr heiraten würde: Das erstbeste Mädchen, das den Weg – bestellt oder auch nicht! – entlangkam. Ob sich die jungen Burschen das (Liebes-)Leben nur leicht machen wollten oder aber mit diesem „Orakel" ihre Bräute öffentlich einführten, ist nicht überliefert.

Artemis siehe **Diana**

B

Bari
Süditalienische Hafenstadt, in der am 8. Mai 1087 die geraubten Gebeine des heiligen Nikolaus eintrafen, die am 9. Mai erstmals öffentlich verehrt wurden. Der 9. Mai wurde deshalb zum Feiertag Translatio S. Nicolai, der für Jahrhunderte in der gesamten Kirche gefeiert wurde.

Bartl siehe **Nikolaus-Begleiter**

Battenmänner siehe **Nikolaus-Begleiter**

Beelzebub siehe **Nikolaus-Begleiter**

Belzebub siehe **Nikolaus-Begleiter**

Berchtel
Der raue Percht hat sein weibliches Gegenstück in der Berchtel, der „schiachen Perchta". Sie ging im Advent in Bayern und Österreich durch die Dörfer, schenkte den Kindern Hutzelbrot und Nüsse, wenn sie fleißig gewesen waren, oder strafte sie mit der Rute, wenn sie nicht gelernt und gearbeitet hatten. Die Budelfrau, ganz weiß gekleidet, lobte und strafte in Niederösterreich. Die Busebrecht, eine in schwarze Lumpen gekleidete Alte mit geschwärztem Gesicht und zotteligem Haar, trat in der Gegend um Augsburg auf und streute den Leuten Mehl ins Gesicht. Siehe **Nikolaus-Begleiter**.

Bescherung
Der Nikolaustag ist ein Kinderfest mit Bescherung, der Martinsabend dagegen ein Heischefest. Durch die Reformation hat sich das Kinderbeschenken auf Weihnachten verlagert.

Biggesel siehe **Nikolaus-Begleiter**

Bock siehe **Nikolaus-Begleiter**

Boklaus siehe **Nikolaos, Nikolaus-Name**

Böser Klaus siehe **Nikolaus-Begleiter**

Brauchvermischung
Im Laufe der Jahrhunderte sind die Bräuche im Advent mancherorts durcheinandergeraten: Der süddeutsche Pelzmärte, vom Namen her dem heiligen Martin verbunden, poltert am Nikolaustag,

der Nikolo zieht mit Engeln und Teufeln in der Adventzeit durch die Dörfer, andernorts zog der Christmann oder die Christpuppe, begleitet von weißgekleideten Gestalten mit Taschen voller Geschenke. Die vielen Teufel und Teufelchen, Verkleidungen und Masken lassen neben dem Vermischen von Martins-, Nikolaus- und Winterbrauchtum auch das Eindringen von Narrenbrauchtum erkennen.

Brauweiler, Abtei
1024 von dem lothringischen Pfalzgrafen Ezzo und seiner Gemahlin Mathilde, Tochter Kaiser Ottos II., gegründete Benediktinerabtei; 1028 Kloster und Kirche zu Ehren der heiligen Nikolaus und Medardus geweiht. Erhalten ist eine qualitativ hochwertige monumentale hölzerne Sitzfigur des Heiligen in Bischofstracht, 2,20 Meter hoch und 230 Kilogramm schwer, entstanden um 1491 aus einem einzigen Eichenstamm.

Brückenpatron siehe **Johannes Nepomuk, Nikolaus**

Buch, Goldenes und Schwarzes
Beim Einkehrbrauch des heiligen Nikolaus übernimmt der heilige Nikolaus die Rolle eines gütigen Richters, der aus katecheti schen Gründen lobt oder straft. Seinen Wissensschatz bezieht er aus dem „Goldenen Buch" (mancherorts hat sich das Buch bereits dualisiert zu einem „Goldenen" und einem „Schwarzen Buch"). Die Idee himmlischer, von Gott oder den Göttern geführter Bücher ist eine orientalische Tradition. Der ägyptische Götterhimmel hatte in Thot, der babylonische in Nabo eigene Schreibergötter. Die Heilige Schrift kennt Bücher gleich in fünffacher Bedeutung: Wenn vom „Buch des Lebens" die Rede ist, wird es beim „göttlichen Gericht" aufgeschlagen. Es enthält das vorgezeichnete Lebensschicksal. Daneben spricht die Schrift von einem versiegelten Buch der „göttlichen Ratschlüsse". Die Propheten erhalten ihre „Offenbarungen" ebenfalls unter dem Bild eines Buches. Thomas von Aquin setzte das „Buch des Lebens" konsequenterweise gleich

mit „Auserwählung“ (Summa theol. I, quaest. 24, art. 1). In der Offenbarung des Johannes ist in der Gerichtsszene noch von anderen Büchern als nur dem „Buch des Lebens“ die Rede: „Die Toten werden nach ihren Werken gerichtet, wie es in den Büchern aufgezeichnet war.“ (Offenbarung 20,12; vgl. Daniel 7,10) Das biblische Symbol des Buches für die Allwissenheit Gottes, der die Menschen nach ihrem Tun individuell richtet, wurde volkstümlich zu einem realen Buch (bzw. zwei Büchern), in dem gute und schlechte Taten fein säuberlich verzeichnet sind. Das reale Gericht erfolgt aber nicht erst am Lebensende, sondern aus didaktisch leicht nachvollziehbaren Gründen jährlich am Nikolaustag. Auch unsere Altvorderen kannten schon die psychologische Regel von der positiven Verstärkung, auch wenn sie den einen oder anderen Begriff noch nie gehört hatten. Dass aus der religionspädagogisch sinnvollen Absicht, durch Lob zu bestätigen und durch milde Strafe vom bösen Weg abzubringen, mit der Zeit ein den Kindern oft Angst machendes Spektakel zur Belustigung Erwachsener wurde, lag nicht im Interesse der Erfinder. Vielleicht liegt auch eine der Schwierigkeiten, die wir heute mit diesem Brauch haben, darin begründet, dass unser Verhältnis zur Schuld weniger eindeutig und die Verhältnisse schwieriger geworden sind, als dass sie sich einfach nur den Kategorien „gut“ und „böse“ zuordnen ließen.

Bullerklas siehe **Nikolaus-Begleiter**

Bullkater siehe **Nikolaus-Begleiter**

Burtscheid, Abtei

997 von Kaiser Otto III. als Memorialstiftung für seine Mutter Theophanu gegründetes Benediktinerkloster, seit 1138 reichsunmittelbar, 1220 von Zisterzienserinnen übernommen. 1802 säkularisiert. Die ehemalige Abteikirche St. Johann Baptist ist heute Aufbewahrungsort der ältesten bekannten Nikolaus-Darstellung nördlich der Alpen: eine aus dem 10. bis 12. Jahrhundert stammende byzantinische Mosaik-Ikone des Heiligen in einem silber-

vergoldeten Rahmen des 13. Jahrhunderts. Für die Herkunft der Ikone gibt es zwei legendäre und eine wissenschaftliche Erklärung: Eine Tradition will wissen, die Ikone stamme aus dem Brautschatz der Theophanu. Dem lässt sich entgegenhalten, dass dies aufgrund stilkritischer Untersuchungen eher auszuschließen ist. Nach einer von Caesarius von Heisterbach überlieferten Legende (Dialogus miraculorum, dist. VIII, cap. 76) sei die Ikone nach dem lebenden Nikolaus gemalt worden und von dem Gründerabt, einem legendären griechischen Königssohn Gregor, nach Burtscheid gebracht worden. Die Wissenschaft vermutet dagegen eine Entstehung im 12. Jahrhundert in einer Konstantinopolitanischen Werkstatt. Nach Burtscheid ist die Ikone wahrscheinlich1220 im Zusammenhang mit der Übernahme des Klosters durch die Zisterzienserinnen gekommen.

Busebrecht siehe **Nikolaus-Begleiter**

Buselbrecht siehe **Berchtel**

Busseklas siehe **Nikolaos, Nikolaus-Name**

Buttmandeln siehe **Nikolaus-Begleiter**

Butz siehe **Nikolaus-Begleiter**

Buzebercht siehe **Nikolaus-Begleiter**

C

Christkind, Christkindle

Diese Kunstfigur ist eine Erfindung Martin Luthers, der – nach protestantischem Heiligenverständnis – die Heiligenverehrung und damit auch den hl. Nikolaus in seiner Funktion als Gabenbringer abschaffte. Der Kinderbeschenktag wurde auf Weihnachten verlegt und das „Christkind“ zum Gabenbringer.

Class siehe **Nikolaos, Nikolaus-Name**

Clawsdach siehe **Nikolaus-Fest**

D

Demre siehe **Myra**

Diana

Im Griechischen Artemis, im Lateinischen Diana, wurde im griechischen Götterhimmel die Tochter von Zeus, die Zwillingsschwester von Apollon genannt. Als ihr Geburtstag wurde der 6. des Monats Dezember gefeiert. Artemis hat Züge einer vorgriechischen „Herrin der Tiere“ an sich, ist Göttin der Mädchen und Frauen, „Göttin des Draußen“, rituell und mythisch verbunden mit Frauwerdung und Geburt. In der Männerwelt hat Artemis Verbindung zu Krieg und Jagd. Die Apostelgeschichte (19,23–40) berichtet, wie die paulinische Verkündigung den Kult der Artemis in Ephesus gefährdet und zu einem Aufruhr derer führt, die um ihre wirtschaftlichen Interessen fürchten. Lukas demonstriert an diesem Vorkommnis die Überlegenheit des Evangeliums gegenüber einem Kult, der seine materiellen Interessen in den Vordergrund stellt. Wenn Nikolaus wirklich im 4. Jahrhundert gelebt hat, hat die Auseinandersetzung mit dem in Kleinasien blühenden Artemis-Kult seine Pastoral geprägt. Es wäre dann ein bemerkenswerter Zufall, wenn sein Gedächtnistag auf einen 6. Tag des Dezembers gefallen wäre. Der 6. kann mit Absicht gewählt worden sein, um den Artemis-Kult zu überdecken. Das Vorkommen der Artemis in den Nikolaus-Legenden, wo sie, wenn diese Legenden im Westen erzählt wurden, Diana hieß, stützt die Vermutung.

Dollochs siehe **Nikolaus-Begleiter**

domina perchta siehe **Nikolaus-Begleiter**

Düsseli siehe **Nikolaus-Begleiter**

Düvel siehe **Nikolaus-Begleiter**

E

Einkehrbrauch des heiligen Nikolaus
Nachdem das Nikolausfest durch die Reformation als Kinderbeschenktag obsolet geworden war, reagierte die Gegenreformation, indem sie dem Fest ein katechetisch-pädagogisches Gepräge gab. Nikolaus und Gefolge kehrten in jedes Haus mit Kindern ein und examinierte diese. Abgefragt wurde, ob die Kinder ihre Gebete verrichtet hatten und den Anordnungen der Eltern gefolgt waren. Die Guten wurden belohnt und die Säumigen verwarnt. Nicht zu verkennen ist, dass hier im Brauchtum die kirchenrechtlich vorgeschriebene Visitation des Bischofs in einer Pfarrgemeinde zum Vorbild des Einkehrbrauchs wurde. Das „Gericht", das Nikolaus abhielt, spiegelt das Weltgericht Gottes in der Ewigkeit wider. Verankert kann der Einkehrbrauch in der Epistel des Nikolaustages sein, in der – vor der Liturgiereform – auf die Richtschnur des heiligen Nikolaus verwiesen wurde, zwischen Gut und Böse zu unterscheiden: „Gedenket eurer Vorsteher, die euch das Wort Gottes verkündet haben! Schauet auf den Ausgang ihres Lebens und ahmt ihren Glauben nach." (Hebräer 13,17) Das Evangelium vom Nikolaustag war das Gleichnis von den Talenten (Matthäus 25,14–23). Wie im Gleichnis der Herr Rechenschaft von seinen Knechten fordert, fragte der als heiliger Nikolaus einkehrende Erwachsene die Kinder das gelernte Glaubenswissen ab und belohnte die Fleißigen und strafte die Faulen („gegenreformatori-

sche Adventspädagogik“, Werner Mezger). Der Einkehrbrauch hat durch die vielfach kömodienhafte Inszenierung und die Ausnutzung als „Angstmacher“ gelitten. Dennoch hat sich der Einkehrbrauch nicht überlebt, vielerorts wird er noch inszeniert. Auch heute noch kann man den Einkehrbrauch verantwortlich inszenieren, wenn man mit dem Brauch keine Angst auslöst und die Kinder die Güte des Heiligen erleben lässt. Gemäß pädagogischer Erkenntnisse sollte das Gute verstärkt und das Nicht-so-Gute negiert werden. Es empfiehlt sich, eine den Kindern bekannte Person als „Nikolaus“ einzusetzen oder aber wenigstens die Verkleidung vor Kindern im Kindergartenalter selbst durchzuführen. Knecht Ruprecht darf nicht als Angstmacher bedrohlich werden. Ein Sack, in den Kinder gesteckt werden (könnten), hat mit dem Heiligen nichts zu tun. Vgl. auch **Buch, Goldenes und Schwarzes; Ketten, Kettenrasseln; Nikolaus-Begleiter, Rute**.

Einlegebrauch des heiligen Nikolaus
Das heimliche Einlegen von Äpfeln, Nüssen und Süßigkeiten in der Nacht vom 5. auf den 6. Dezember, dem heiligen Nikolaus zugeschrieben, hat selbst Martin Luther noch bis 1535 in seiner Familie praktiziert. Mit der Verlegung des Schenktermins auf Weihnachten fiel der Brauch jedoch in den meisten protestantischen Regionen fort oder übertrug sich auf Weihnachten und das Christkind. Der Einlegebrauch scheint sich im Abendland mit der Schüler-legende entwickelt zu haben und parallel zum *ludus episcopi puerorum* aufzutreten. Das „Einlegen“ der Gaben ist wohl abgeleitet von dem legendären „Einlegen“ der Goldklumpen in das Haus der drei Mädchen. Das durch den Kamin eingeworfene/eingelegte Gold hat sich nach alter Tradition in den am Kamin zum Trocknen aufgehängten Strümpfen der Mädchen verfangen. Im angelsächsischen Einflussbereich sind deshalb Strümpfe oder Schuhe – schlaue Kinder verwenden auch deshalb voluminösere Stiefel – gängige „Empfangsbehälter“, vgl. **Gabenteller**. In katholischen Regionen wurde im17. Jahrhundert der Einlegebrauch durch den **Einkehrbrauch** abgelöst. Siehe auch **Nikolaus-Schiff**.

Einspeiber siehe **Nikolaus-Begleiter**

Erbsbär siehe **Nikolaus-Begleiter**

Esel

Der um 4000 vor Christus in Ägypten domestizierte Esel genoss eine ambivalente Beurteilung: Einerseits war er das sprichwörtlich dumme, störrische und fast wertlose Tier, andererseits unentbehrlich als Arbeitskraft, Lastenträger und Reittier. In der Heiligen Schrift führt Gott nachlesbar vor, dass er aus diesem sprichwörtlichen Esel Wissen und Weisheit locken kann, die den auf ihm sitzenden Propheten Bileam zum eigentlichen Esel werden lässt (vgl. Numeri 22,21–34). Im Gegensatz zu den „Herrentieren" Pferd, Dromedar, Kamel oder Elefant war der Esel das Tier der Mittel- und Unterschicht. Der Einzug Jesu in Jerusalem auf dem Weg zum Tod vollzieht sich auf einem Esel: Jesus zeigt sich als der niedrige König, der dem Tod entgegenzieht. Der Esel (Palmesel) wird zum „Haustier Gottes", sagt der heilige Ambrosius (Luc. lib. IX, 9–14). Das Bild des Esels lehrt den Betrachter, sich willentlich in Demut einer heiligen Zucht und Ordnung zu unterwerfen. Der heilige Franziskus von Assisi sprach deshalb von seinem Körper als „Bruder Esel", dem er die Lasten schwerer Arbeit und Askese aufzwang. Wenn Nikolaus, der Sohn reicher Eltern, mit einem Esel bei der Kinderbescherung auftaucht, dann führt er dem Betrachter das damals noch geläufige Wissen vor Augen und machte deutlich: Handle wie ich, folge Christus nach, mach dich klein und wähle das Motto „Ich dien'". Dass die Menschen mit der Zeit diese Deutung nicht mehr verstanden und deshalb schlicht pragmatisch reagierten, spricht nicht gegen die Bildhaftigkeit. Aber Heu und Stroh für einen weitgereisten Esel sind eben offensichtlicher als mühsam zu erreichendes Verständnis. Der versorgte Esel enthebt von der Sorge, darüber nachzudenken zu müssen, warum ich „mich selbst zum Esel machen" soll.

F

Fasenickel siehe **Nikolaos, Nikolaus-Name**

Father Christmas (am.) siehe **Nikolaus, phrygische Mütze, Schenktermine, Weihnachtsmann**

Festgebäck
Das Backen z. B. in den Festzeiten des Advent und der Weihnacht lässt sich kaum zusammenfassend darstellen, derart unterschiedliche Gebäcke und Anlässe dazu gibt es. Bei aller christlichen Symbolik scheinen jedoch bis heute immer wieder auch vorchristliche Elemente auf, die die alte Funktion des Gebäcks als Opfergabe, z. B. in den Raunächten und die notwendige Fülle –103 Brote waren als Opferbrote in den Raunächten nötig – belegen. In Zeiten industriell gefertigten Weihnachtsfestgebäcks, das spätestens ab September in den Supermarktregalen lockt, wenn es nicht schon ganzjährig angeboten wird, könnte der alte Sinn des Festgebäcks, der ja nicht in der zusätzlichen Arbeit, sondern in der sinnvollen und sinnlichen Ausgestaltung des Festes lag, wieder neu lebendig werden. Die Omnipräsenz des massenhaften Angebots könnte die Erkenntnis initiieren, dass weniger mehr sein kann und dass Selbstgebackenes authentischer ist als Gekauftes.

fêtes des fous siehe **ludus episcopi puerorum**

Formgebäck siehe **Spekulatius**

Fouttard, Père siehe **Nikolaus-Begleiter**

G

Gabenbringer

Nachdem der Kinderbeschenktag vom Fest der Unschuldigen Kinder (28. Dezember) im Rahmen der wachsenden Popularität des hl. Nikolaus auf seinen Festtag (6. Dezember) verlegt worden war, wurde der hl. Nikolaus – zunächst anonym, später persönlich – zum Gabenbringer. Die Aufgabe von Nikolaus als Gabenbringer oder Kinderbeschenker leitet sich doppelt ab: Nach der Jungfrauenlegende hilft der Heilige, noch ehe er Priester und Bischof wurde, drei Schwestern, das Leben ehrenhaft zu fristen, indem er sie beschenkt. Das Schenkmotiv taucht ein zweites Mal in der Schülerlegende auf: Hier schenkt er den Jungen das Leben wieder. Symbolhaft lassen die Gaben des Nikolaus die Beschenkten an seinem heiligen Leben teilhaben: Das Gold befreit von einem schuldhaften Leben, die Erweckung der eingepökelten Jungen befreit vom Tod zum Leben. Wenn also Nikolaus Gaben bringt, bringt er – zumindest allegorisch – das ewige Leben. Die „Heilung" bedeutet immer auch Heil. Nikolaus scheint, seitdem er mit der Schülerlegende verbunden war, in Deutschland als Gabenbringer tätig zu werden. Die Kaufherren in Neuss am Rhein, durch einen Hafen mit der Binnen- und Seeschifffahrt verbunden, gründeten eine Gilde unter dem Patronat des heiligen Nikolaus, Nikolaus-Bruderschaft genannt. Am Nikolaustag feierte man ein Fest, bei dem es üblich war, die Mitglieder der Familie und die Diener des Geschäftes zu beschenken. Nicht erst heute sind die Kinder so pfiffig, Gaben des heiligen Nikolaus nicht nur zu Hause zu erwarten. Schon früher wurden Gabenteller auch bei den Paten aufgestellt, wie der Ratsherr Weinsberg aus Köln für 1594 berichtet. Kuchen, Zucker, Äpfel, Geld und „gobelger" (= wahrscheinlich „Göbbelchen", Gebäck in Vogelform) fanden die Kinder am Nikolausmorgen vor. Das Schenken zu Nikolaus vermochte auch die religionsfeindliche Französische Revolution nicht zu unterbinden, nicht einmal im offiziellen Bereich. Die Magistrats-Deputierten in Köln beschlossen deshalb am15. Dezember 1797, ihre Präsenzgelder in Höhe von 30 Reichstalern als Nikolaus-Geschenk an das Waisenhaus zu geben. Martin Luther, der seine Kinder selbst noch zu Nikolaus beschenkte, änderte in der protestantischen Kirche diesen Brauch: Da Heilige als Fürbitter keine Rolle mehr in der Theologie der Reformation spielten, sollten ihr Gedächtnistag und die mit diesem Tag verbundenen Bräuche entfallen. Der Beschenktag wurde auf Weihnachten verlegt, der Gabenbringer wurde das Christkind, eine nie näher definierte Erscheinung eines leuchtenden, manchmal geflügelten Kindes. Nicht überall konnte die Reformation diese Idee durchsetzen. In den Niederlanden blieben sowohl der Beschenktag als auch der Gabenbringer bis heute in alter Form erhalten. Von hier aus gelangte der Brauch nach Amerika, vermischte sich mit anderen Vorstellungen und brachte den Weihnachtsmann hervor. Andere Gabenbringer oder Geschenkfiguren sind neben dem Nikolaus die heilige Lucia, das Christkind, der Weihnachtsmann, der Osterhase usw.

Gabenteller

Die vor allen Dingen im angelsächsischen Lebensraum verbreitete und in andere Bereiche importierte Sitte, wonach der ungesehene nächtliche Besucher Nikolaus (und später natürlich die personifizierte Metamorphose Weihnachtsmann) seine Geschenke und Naschereien in Schuhe und Strümpfe steckte, empfinden manche als schlicht eklig. Nicht einmal hygienische Gesichtspunkte mögen hier primär mitspielen. Unreflektiert kann auch die empörte Grundannahme gelten, dass „größere Geschenke“ in so kleinen Behältnissen doch keinen Platz finden! Der Brauch, die Gaben in ein eigenes Gefäß oder Behältnis zu legen (der Gabenteller hat in mehrfacher Hinsicht seine Nähe zu einer „Opferschale“), ist so jung wie der Besitz solcher Gerätschaften in bürgerlichen Haushalten. Der mittelalterliche Mensch besaß kaum Schüsseln, keine individuellen Essteller. Man aß „aus einer Schüssel“, verfügte vielleicht über eine Aushöhlung im Holztisch. Sollten aber nächtlich Gaben durch einen unsichtbaren Nikolaus individuell zugewiesen werden, was lag da näher als persönliche Kleidungsstücke zu benutzen, die zum Trocknen aufgehängt oder aufgestellt waren: Strümpfe und Schuhe. Hinsichtlich eines eventuellen Naserümpfens wegen jener neuzeitlichen „Erfindung" namens Hygiene konterte man nicht anders, als wie man es heute noch im Rheinland hören kann: „Nu sit doch nit esu!", – was sich mit „Stell' dich nicht so an" nur unvollkommen übersetzen lässt. Individuelle Behältnisse für Nikolausgeschenke, ob Strümpfe, Schuhe, Nikolaus-Schiff oder Gabenteller, kennzeichnen die Nikolaus-Brauchtumsphase nach den Wurf- und Streuabenden, also die Zeit des Einlege- und des Einkehrbrauches.

Gabentisch siehe **Schenken**

Gangerln siehe **Nikolaus-Begleiter**

Gartenzwerg

Der verzwergte und vervielfältigte Weihnachtsmann aus Steingut ist eine Erfindung von Philipp Griebel aus dem thüringischen Gräfenrode, der im September 1883 den ersten Gartenzwerg aus Terrakotta formte und damit eine ganze Industrie zum Leben erweckte. Als „little helpers" des amerikanischen „Father Christmas" tauchten die bebärteten Miniatur-Klons in amerikanischen Weihnachtsmann-Zeichnungen zu Beginn des 19. Jahrhunderts auf. Die Ableitung des Gartenzwerges vom heiligen Nikolaus ist noch an zwei Elementen zu erkennen: dem langen Bart und vor allem an der spitzen und natürlich (bischofs-)roten „Zipfelmütze", die beim klassischen Gartenzwerg nach vorn geneigt ist und so exakt die phrygische Mütze wiedergibt. Der Vollständigkeit halber sei darauf verwiesen, dass es auch „Nanologen" gibt, die die Abstammung des Gartenzwergs von Nikolaus bestreiten. Nach ihrer Annahme stammen die Vorfahren der Gartenzwerge aus Kreta. In altgriechischer Zeit seien dort tiefe Schächte in die Erde getrieben worden, um Silbererz abzubauen. Dafür seien besonders kleinwüchsige Männer eingesetzt worden, die sich, jeweils zu siebt in einer Schicht, mit roten Zipfelmützen ausgerüstet hätten. Später seien sie auch bei den alten Römern im gleichen Aufzug als Feldhüter tätig gewesen. Wieso aber die Gartenzwerge des 19. Jahrhunderts ausgerechnet an dieser Tradition anknüpfen sollen, bleibt bei dieser Behauptung ungeklärt.

Gebildebrot
Bezeichnung für Gebäcke zu bestimmtem (religiösen und festlichen) Anlässen in bestimmten Formen. Die aus Teig geformten Backwaren formen Gestalten von Menschen, Heiligen, Fantasiegestalten, Tieren, Symbolen und Ornamenten. Die „Brote" werden zu Tagen geschenkt und gegessen, die zu dem Versinnbildlichten in Beziehung stehen. Gebildebrote/Gebildege-bäcke symbolisieren Wünsche, das Fest, Gelübde, Opfer oder Beschwörungen: z. B. Göbbelchen, Lutherbrötchen, Martinsbrezel, Martinshörnchen, Seelspitzbrot, Seelenkuchen, Seelenbrote, Seelenzopf, Stuck, Allerseelenbrötchen, Weckmann.

Geißelchlöpfer siehe **Nikolaus-Begleiter**

Geschenk
Eine Zeit, die standardisierte Geschenke nach medial übermittelter Aufforderung kauft, um sie nach dem über TV gelernten Ritual, das zugleich animiert und bestätigt, zu verschenken, belegt damit augenfällig, dass sie die Seile zum alten Sinn des Schenkens gekappt hat. Wer sich noch an eine Oma oder Uroma erinnern kann, die tatsächlich noch einen ganz besonderen Kuchen höchstselbst backen konnte – also nicht jenen der Marke „wie" selbstgebacken als Backmischung kauft! –, weiß zu berichten, dass dieser Kuchen eben für diese Oma „stand". Der Kuchen war zwar nicht die Oma, aber der Kuchen war, „als wär's ein Stück von ihr". Unsere versachlichte Zeit hat das Gefühl dafür, dass Personen und Sachen eine Einheit bilden können, fast verloren. Ein Indianer, der eine Feder aus seinem Schmuck verliert, ging sie suchen. Für ihn war die Feder kein abbuchbarer Verlust, sondern ein Stück von ihm selbst. Fiel dieses Teil in die falschen Hände, konnte ein anderer über ihn

Macht gewinnen. Geschenke sind deshalb nach alter Auffassung „Selbstmitteilung“, ein Stück von mir, mit dem ich mich den anderen verfügbar mache und mit ihnen eins werde (vgl. hierzu auch die Lehre von der Eucharistie in der katholischen Kirche). Geschenke, die der heilige Nikolaus brachte, waren ursprünglich nicht einfach nur Abwicklung von zuvor abgelieferten Listen des Geschenkebedarfs (vgl. Wunschzettel), sondern seine Geschenke waren Zeichen für die Realpräsenz Gottes und die Teilnahme der Empfänger daran. Mit allen Sinnen, mit Augen, Mund und Ohren, sollte der Beschenkte erfahren und erleben, dass für die, die sich Gottes Plan unterwarfen, schon auf Erden der Himmel begann. Ja, man konnte anhand des süßen Gebäcks Gott und seinen Himmel bereits „schmecken“. Je mehr der Sinngehalt des Festes verloren ging, die Brauchform aber noch erhalten blieb, spiegelte sich das Unverständnis auch in den Geschenken wider. 1816 heißt es in einem „andächtigen Gebetlein zum heiligen Nikolaus“ von Math. Jos. De Noel:

Sankt Niklas, der du uns als Knaben
In deiner guten Laune oft bedacht
Und dann, die liebste uns von allen Gaben,
Recht stattliche Soldaten mitgebracht.

Das Geschenk pervertiert den Geschenkanlass. Die Kunst des Schenkens lässt sich nicht durch Menge, Kostenhöhe und Zeitangepasstheit bevormunden. Geschenke sind insofern sinnlich, als sie individuell sind und in einer Zweierbeziehung widerspiegeln, wie sehr der andere sich in sein Gegenüber einfühlen kann.

Geschenkfiguren siehe **Gabenbringer**

Geschenktage siehe **Schenktermine**

Goldkugeln, Drei
Ikonografische Attribute des hl. Nikolaus. In dieser Dreigestalt verbinden sich drei verschiedene Symbole zu einem neuen Symbol: Die Zahl 3, die Form der Kugel und das kostbarste Metall, Gold. Die Zahl 3 gilt in der Symbolik aller Völker als heilig. Der dreimal heilige Gott der Juden (Jesaja 6,3) wird durch sie ebenso vergegenwärtigt wie die Dreifaltigkeit im Christentum. Auch die Auferstehung fand am dritten Tag statt. Die Kugel – Urform aller Körper – ist Symbol der absoluten Allgegenwart und Allwirksamkeit Gottes. Das Gold ist nicht nur Symbol wegen seiner Kostbarkeit und seiner Unvergleichlichkeit: Dem Gold können weder Feuer, Rost noch Säure etwas anhaben. Die drei Goldkugeln des heiligen Nikolaus sind komprimierte Symbole, die die unvergleichliche Wirksamkeit Gottes aufzeigen, die das Geschenk nicht nur als Heilung, sondern zugleich als Heil deuten.

H

hagios
Griechisches Wort für „heilig", entsprechend dem lat. *sanctus*. Zum Beispiel „hagios Nikolaos" (heiliger Nikolaus oder „hagia Sophia" (heilige Sophia, d. h. Weisheit). Davon abgeleitet ist Hagiografie.

Hans Muff siehe **Nikolaus-Begleiter**

Hans Trapp siehe **Nikolaus-Begleiter**

Hanselmann siehe **Weckmann**

Hatscha siehe **Nikolaos, Nikolaus-Name**

Hefekerl siehe **Eiermann, Ostergebäck, Weckmann**

Der Kindlifresserbrunnen, eine Skulptur von Hans Gieng aus der Mitte des 16. Jahrhunderts, steht in Bern (Schweiz) am Kornhausplatz.

Wahrscheinlich die älteste erhaltene Darstellung des hl. Nikolaus ist dieses Fresko in den Kolonaden von Santa Maria Antiqua am Fuß des Palatin in Rom. Der hl. Nikolaus erscheint hier noch im Gewand des griechischen Bischofs. Die Archäologen streiten noch um den Zeitpunkt der Entstehung der Fresken. Vermutet wird das 8. – 10. Jahrhundert.

St. Nikolaus auf einem Deckengemälde in Rettenbach, Landkreis Dachau

▶

Eine Statue aus dem 19. Jahrhundert hat in der Nikolauskirche von Saint-Nicolas-de-Port eine mittelalterliche ersetzt, die von den Jakobinern zerstört wurde. Nikolaus erscheint mit den drei Scholaren im Pökelfass, denn die Entstehung dieser Legende ist mit Lothringen verbunden.

Die Deutsche Bundespost appellierte 1984 mit einer Nikolaus-Darstellung an die Mildtätigkeit der Briefeschreiber.

Heiliger Mann siehe **Nikolaus-Begleiter**

„Heiratsvermittler" Nikolaus
Heilige als Heiratsvermittler scheinen uns heute eher fragwürdig. Das Mittelalter sah das anders. Der heilige Andreas war unter den Heiligen der erste „Heiratsvermittler", natürlich neben der Gottesmutter, zu der die Französinnen beteten:"Saint Marie, faites, que je me marie" (Heilige Maria, mach, dass ich heirate"). Für „Spezialwünsche" gab es „zuständige Einzelheilige": „Saint Aubin ... un medicin", Saint Macaire ... un notaire", und auch der heilige Nikolaus fehlte nicht: „Saint Nicolas ... un avocat".

Helije Mann siehe **Nikolaos, Nikolaus-Name**

Hel-Niklos siehe **Nikolaos, Nikolaus-Name**

Herrscheklaus siehe **Nikolaos, Nikolaus-Name**

Hinterklaus siehe **Nikolaus-Begleiter**

Hirscha siehe **Nikolaos, Nikolaus-Name**

Höllenschlund siehe **Kinderfresser**

Höllenspektakel siehe **Lärmbrauchtum**

Hölzle siehe **Kerbholz**

Hyperhagios
Griechisch „Überheiliger", ein Heiliger, der über anderen Heiligen steht. In der griechisch-orthodoxen Kirche Ehrentitel für Nikolaus.

I

Iffeleträger siehe **Lichterkläuse**

J

Jahresmann siehe **Lebkuchenmann, Weckmann**

Johannes Nepomuk
Der bekannteste Brückenheilige hieß eigentlich Johannes Welflin von Pomuk und kam um 1345 in Nepomuk (Südwestböhmen) zur Welt. Er wurde Priester, Dr. iur. can. und schließlich 1389 Generalvikar des Erzbischofs von Prag. In einem Konflikt zwischen dem Erzbischof und König Wenzel trat Johannes Nepomuk für die Rechte der Kirche ein, wurde vom König gefangen genommen, verhört, gefoltert und danach halbtot von der Karlsbrücke in Prag in die Moldau geworfen († 20. 3. 1393). Um 1400 im Veitsdom beigesetzt, begann sogleich die Verehrung als Gegenspieler des tyrannischen Königs Wenzel. Die Legenden erzählten, Johannes Nepomuk sei von König Wenzel getötet worden, weil er sich geweigert habe, das Beichtgeheimnis preiszugeben: Er habe dem König nichts aus der Beichte der Königin erzählen wollen. 1721 selig- und 1729 heiliggesprochen, wurde er Patron der Brücken und des Beichtgeheimnisses. Vor dem hl. Johannes Nepomuk war der hl. Nikolaus in der Rolle des Brückenheiligen.

Julklapp
Schwedische Bezeichnung für „Weihnachtsgeschenk" und für einen Brauch in Norddeutschland und Skandinavien (in Österreich „Engerl und Bengerl"). In Vereinen oder unter Kollegen, in Schulklassen, Jugendgruppen oder unter Freunden werden zu einem abgesprochenen Termin kleine Geschenke ausgetauscht. Dabei wird meist ausgelost, wer wen – früher meist heimlich – beschenkt.

Die Art der Geschenke wird grob abgesprochen. Sinn ist nicht die Quantität oder Qualität eines Geschenks, sondern die Originalität.

Jungfrauenlegende siehe **Nikolaus-Legenden**

K

Käsperchen, schwarz siehe **Nikolaus-Begleiter**

Katzenbrot
Früchtebrot in Bayern am Nikolaustag.

Kehraus siehe **Nikolaus-Begleiter**

Kerbholz
Das Kerbholz ist uns heute fast nur noch durch die mit drohendem Unterton wiedergegebene Bemerkung bekannt, irgendwer habe noch irgendetwas auf dem Kerbholz. Dieses Kerbholz ist ein „Datenspeicher" der alten analogen und vorelektronischen Art, unverschlüsselt, aber nur schwer manipulierbar. Ihr Ort war die Kneipe, ihre Funktion: das Wissen um die unbezahlte Zeche zu speichern. Diese wurde auf zwei langen Holzstäben, eben den Kerbhölzern, durch Einkerbungen so festgehalten, dass beide Hölzer identische Einkerbungen aufwiesen. Der Wirt konnte so sein Exemplar nicht zu Ungunsten des Zechers manipulieren. Diese Kerbhölzer waren die Vorbilder für das Betholz, Klausenholz oder Vater-unser-Hölzle des Einkehrbrauches am Gedenktag des hl. Nikolaus.

Ketten, Kettenrasseln
Zum Verängstigungsritual des Einkehrbrauches am Tag des heiligen Nikolaus gehörte noch in der Zeit nach dem Zweiten Welt-

krieg ein immergleicher Introitus: Der Besuch der mächtigen und mächtig gefürchteten Gäste kündigte sich durch durchdringendes Poltern, dumpfes Stampfen und ein unheimliches Kettenrasseln an, eine Geräuschmischung, die selbst abgehärtete und vermeintlich lebenserfahrene Kinder leichenbleich, zittern und schlottern machen konnte. Falls die Kette selbst dann während des Auftritts des Heiligen sichtbar wurde, dann als Kette, mit der der schwarze Nikolaus-Begleiter umgürtet und von Nikolaus gehalten wurde. Hier symbolisierte die Kette die Tatsache, wer an ihr lag und wer an ihr zog. Allegorisch wurde deutlich, dass Gott und die Seinen das Böse fest im Griff halten, es der Macht des Guten dienstbar ist, wenn der Gute das so will. (Auf einer intellektuell höheren Ebene wird das gleiche Problem z. B. in Goethes „Faust" abgehandelt.) Der Teufel oder sein Spießgeselle in Ketten verdeutlicht aber auch, was die Untat, die Sünde mit uns selber macht: Sie legt uns in Ketten. Aus dieser Versklavung und aus diesen Ketten können wir uns nur durch gute Werke und Gottes Gnade befreien (lassen).Weil Martin Luther später die „guten Werke" weniger einsichtig als die Gnade waren, fielen die guten Werke und mit ihnen dann auch die Heiligen seiner Reform zum Opfer. Dem mittelalterlichen Menschen fiel bei der Betrachtung der Ketten die „kettenlösende" Macht des Heiligen ein, die in seinem lothringischen Wallfahrtsort Saint-Nicolas-du-Port so eindrucksvoll bewiesen wurde. Ob nun tatsächliche körperlich erlittene Gefangenschaft oder das Gefangensein in mir selbst zu befreien waren, war dabei zu unterscheiden nicht wichtig.

Kinderabtspiel siehe **ludus episcopi puerorum**

Kinderbeschenker siehe **Gabenbringer**

Kinderbeschenktage

Bis in das 13. Jahrhundert war das Fest der Unschuldigen Kinder (28. Dezember) traditionell der Termin des Kinderbeschenktages (Schenktermin). Durch die aufkommende Nikolaus-Verehrung und das Schülerpatronat des hl. Nikolaus verlagerte sich der Kinderbeschenktag auf den 5./6. Dezember. Mancherorts war der Nikolaustag den Jungen vorbehalten, während die Mädchen am Tag der hl. Lucia (13. Dezember) beschert wurden. In katholisch dominierten Regionen hat sich der Brauch bis in das ausgehende 19. Jahrhundert erhalten, während in evangelischen Gebieten der Kinderbeschenktag seit der Reformation auf den 24./25. Dezember verlegt wurde, um die unerwünschte Heiligenverehrung zu eliminieren. Im 20. Jahrhundert hat sich in Deutschland das Weihnachtsschenken konfessionsübergreifend durchgesetzt. In den Niederlanden ist dagegen der alte Nikolaus-Termin erhalten geblieben. In den angelsächsischen Ländern gilt ebenfalls Weihnachten als Schenktag, in Frankreich aber Neujahr, in Italien und Spanien Dreikönige.

Kinderbescherung siehe **Gabenbringer, Kinderbeschenktage**

Kinderbischof siehe **ludus episcopi puerorum**

Kinderbischofsspiel siehe **ludus episcopi puerorum**

Kinderfresser

Knecht Ruprecht alias Hans Muff alias ... zeichnet sich nicht nur durch seine Bösartigkeit, Schwärze und – missverstandene – Rute als Teufel aus. Die Kinder fürchten sich noch viel mehr vor dem Sack, der, je nach Landschaft, auch eine Kiepe sein kann. In diesem Sack schleppt der Schwarze nicht nur murrend die Geschenke des Heiligen heran. Sprichwörtlich darf er auch die „in den Sack stecken", die nach Auffassung des heiligen Nikolaus ihre religiösen und häuslichen Pflichten nicht erfüllt haben. Sack oder Kiepe werden hier zum Höllenschlund, in den nach mittelalterlicher Auffassung fiel, wer vor Gottes Gericht keine Gnade fand. Wer beim Nikolaus-Besuch durchfiel, einem „Weltgericht im Kleinen für Kleine", der landete eben symbolisch im Sack. Diese brachial-pädagogische Methode von zweifelhafter, dafür aber derb-deutlicher „Güte“ hat ein Vorbild im mittelalterlichen Seelenfresser, der die dem Satan verfallenen Seelen fraß, ein anderes Vorbild in einer Form des Ringkampfes, bei dem der Gegner in den Sack gesteckt werden musste. Die Kinderfresser im Nikolaus-Brauchtum im süddeutschen Raum, wo der Bezug zum Heiligen selbst und seiner Legende immer undeutlicher geworden ist, üben ihre Faszination durch Bedrohung, Abtransport des Angegriffenen und Loskaufriten aus. Für unbetroffene Betrachter ist das Ganze ein voyeuristisches Schauspiel. Die Kindlifresser, Kinderfresser, heute im Süddeutschen ein gepflegtes folkloristisches Phänomen, haben es im 16. Jahrhundert bereits zu Denkmalehren gebracht, zum Beispiel am Berner Kindlifresser-Brunnen (1544). 1663 definiert sich ein Kinderfresser: „Ich bin der alte böse Mann, der alle Kinder fressen kann.“

Kindlifresser siehe **Kinderfresser**

Klaas siehe **Nikolaos, Nikolaus-Name**

Klabauf siehe **Nikolaus-Begleiter**

Klagesdach siehe **Nikolaus-Fest**

Klas Bur siehe **Nikolaus-Begleiter**

Klas siehe **Nikolaos, Nikolaus-Name**

Klasbur siehe **Nikolaos, Nikolaus-Name**

Klasen siehe **Nikolaos, Nikolaus-Name**

Klasenmann siehe **Weckmann**

Klasenring siehe **Nikolaus-Gebäck**

Klasenvogel siehe **Nikolaus-Gebäck**

Klaubauf siehe **Nikolaus-Begleiter**

Klaus siehe **Nikolaos, Nikolaus-Name**

Klaus, böser siehe **Nikolaus-Begleiter**

Kläuse siehe **Nikolaus-Begleiter**

Klausenholz
Als Betholz, Vater-unser-Holz, Vater-unser-Hölzle oder Klausenholz werden Kerbhölzer bezeichnet, in die die Anzahl der geleisteten Gebete eingekerbt waren. Sie wurden beim Besuch des heiligen Nikolaus vorgewiesen, sind also mit dem Einkehrbrauch entstanden. Das mit dem Kerbholz verbundene Verfahren der „objektiven" Quantitätsmessung hatte sich zuvor schon lange in Wirtshäusern bewährt.

Klausenpicker siehe **Nikolaus-Begleiter**

Klausentreiben, Klausenumzug
Umzüge im weiteren und näheren Zusammenhang mit Nikolaus-Gedenken im alemannischen Einflussbereich.

Klausi siehe **Nikolaos, Nikolaus-Name**

Klausklöpfen
In der Schweiz bestiegen die jungen Burschen am Nikolaus-Vorabend die nächstgelegenen Hügel und Berge und knallten mit den Peitschen. Mit dem Lärm sollten die Dämonen, Hexen und bösen (Winter-)Geister vertrieben werden.

Klausmänneken siehe **Nikolaus-Begleiter**

Klawes siehe **Nikolaos, Nikolaus-Name**

Klombsack siehe **Nikolaus-Begleiter**

Klos siehe **Nikolaos, Nikolaus-Name**

Klosen siehe **Nikolaus-Begleiter**

Kloskählsche
Neusser Begriff für einen Weckmann; Hochdeutsch: Klauskerlchen.

Knabenbischof siehe **ludus episcopi puerorum**

Knabenbischofsspiel siehe **ludus episcopi puerorum**

Knecht Ruprecht siehe **Kinderfresser, Nikolaus-Begleiter**

Kompilation
Das nahtlose Aufgehen von zwei Personen in einer.

Krampus siehe **Nikolaus-Begleiter**

Krast siehe **Nikolaos, Nikolaus-Name**

Kräst siehe **Nikolaos, Nikolaus-Name**

Kris Kringle siehe **Nikolaos, Nikolaus-Name**

Kristman siehe **Nikolaos, Nikolaus-Name**

L

Lärmbrauchtum

Begriffe wie Höllenspektakel oder Höllenlärm verweisen auf den Deutungszusammenhang, in den das Christentum den Lärm einordnete. In vorchristlicher Zeit sollte Lärm die Zauberkraft der Dämonen brechen. Dieser Aberglauben hat sich lange auch in christlicher Zeit erhalten. Erst später sind die inhaltlichen Ausdeutungen christlich interpretiert, die Formen aber beibehalten worden. Gepaart mit der Abwehr böser Geister tritt die Lust an gemeinschaftlich erzeugtem Lärm auf, der vielfach in strenger rhythmischer Ordnung erfolgt (z. B. bei Lärmumzügen), aber auch seine Freude am chaotischen Durcheinander haben kann. Klopfen und Klöpfeln, Trommeln und Rummeln (vgl. Rummeltopf), Peitschenknallen (Aperschnalzen) und Schießen, Feuerwerk und Musizieren, Singen und Glockenschellen (Schellenrühren) treten in diesem Zusammenhang auf. Die Raunächte bilden jahreszeitlich schwerpunktmäßig einen Hauptbereich des Lärmbrauchtums, vor allem zu Silvester, das heute durch kleine Feuerwerke eine Ergänzung gefunden hat. Lärminstrumente (Karfreitagsratschen) ersetzen an den Kartagen auch die Glocken. Lärm gehört auch zum Einkehrbrauchtum des hl. Nikolaus.

Lebensrute

Das Berühren (kindeln, pfeffern, pfitzeln, schlagen ...) mit einer grünen Gerte, Rute, (Narren-)Pritsche, Pfefferlesrute ... ist eine alte Fruchtbarkeits-und Segensgeste. Übertragen wird die frische Kraft der Natur, bei der Fruchtbarkeit Segen bedeutet.

Lebkuchen

Die Bezeichnung „Lebkuchen" verleitet zu der Annahme, der Lebens- oder Labekuchen habe seinen Namen von „Leben" oder „Laben" erhalten. Wahrscheinlicher ist jedoch, dass der Lebkuchen seinen Namen vom lateinischen „libum" (= Fladen, Flachkuchen, Opferkuchen) ableitet. So wie beim *ludus episcopi puerorum* ein

Rollentausch zwischen Schülern und Hierarchen vorgenommen wurde, gab es in der mittelalterlichen Adventzeit den Brauch, auch auf dem Bauernhof die Rollen zu tauschen: Aus den Mägden und Knechten wurden Herrschaften, und umgekehrt bediente die Herrschaft. Zu diesem Zweck wurde ein würziger Fladenkuchen, der Lebkuchen, gebacken, der an alle Hausbewohner, an Gäste und Arme verteilt wurde.

Lebkuchenfrau siehe **Lebkuchen, Lebkuchenmann, Patenbrot, Unschuldige Kinder**

Lebkuchenmann

Der weihnachtliche Lebkuchenmann stellt heutzutage meist den hl. Nikolaus, eine Fantasiefigur oder – als Patengeschenk – einen Lebkuchenreiter bzw. eine Lebkuchenfrau (vgl. Unschuldige Kinder) dar. Ein Hinweis auf ein älteres Motiv, den Jahresmann, ergibt sich aus einem Gestaltungselement. Durch einen mittig von der Figur getragenen Tannenbaum o. ä. wird durch die Figur die Zweiteilung des Jahres verdeutlicht. Der Lebkuchenmann, früher wohl eine Opferspeise, sollte die Sonne dazu gewinnen, das nächste Jahr fruchtbar werden zu lassen. Zum Teil lassen sich Reminiszenzen des Jahresmannes heute noch bei anderen Figuren nachweisen: Der Schweizer Hefekerl trägt einen Teigzopf längs auf dem Bauch.

Leutfresser siehe **Nikolaus-Begleiter**

Lichterkläuse

Beim Nikolaus-Brauchtum in Küßnacht am Rigi/Innerschweiz treten sogenannte Iffeleträger auf, die in einem Umzug überdimensional große Fackeln in Form einer Mitra über ihren Köpfen durch die Straßen tragen. Sie werden auch Lichterkläuse genannt

Liudger

Der Gründerbischof des Bistums Münster hat vor 800 in Billerbeck die erste Kirche nördlich der Alpen dem hl. Nikolaus geweiht.

Lucia

Die heilige Lucia (die Lichtvolle, von lat. *lux* = Licht) ist historisch belegt. Zirka 286 in Syrakus auf Sizilien geboren, starb sie etwa 304 als Märtyrerin unter Diokletian, weil sie keusch leben wollte und deshalb als Christin denunziert wurde. Bestattet wurde sie in einer frühchristlichen Katakombe, über die sich seit byzantinischer Zeit eine Kirche, S. Lucia, heute in der Neustadt von Syrakus gelegen, erhebt. Wie Barbarazweige schneidet man am 13. Dezember Kirschzweige als Lucienzweige. Der Festtag der Lucia war im Mittelalter zeitweise und in verschiedenen Gebieten Kinderbeschenktag für Mädchen.

ludus episcopi puerorum

Das Kinderbischofspiel, Knabenbischofsspiel, Schülerbischofsspiel oder – in Klöstern – Kinderabtspiel scheint ein uralter Brauch zu sein. Bereits 867/870, auf dem Konzil von Konstantinopel, wird das *festum puerorum*, *festum stultorum* oder *fête des fous* verboten. Ursprünglich wurde dieses Spiel am Tag der Unschuldigen Kinder (28. Dezember) als ein Narrenfest gefeiert, das möglicherweise in der Tradition orientalischer Narrenkönige, römischer Saturnalien und eventuell auch keltischer Tiervermummung stand. Weder das Verbot des Konzils von Konstantinopel, noch die Verbote der Konzilien von Basel oder Trient haben das „Spiel der umgekehrten Ordnung" abgeschafft. Im 11. Jahrhundert lässt sich das *festum puerorum* im Abendland, in Rouen, erstmals nachweisen und hält sich dort bis in das 18. Jahrhundert. Seit dem 13. Jahrhundert, mit der Popularität des Nikolaus als Schülerpatron, bürgert sich der 6. Dezember als Festauftakt ein, wobei die gesamte Feier entweder bis zum 28. Dezember dauert oder aber am 28. Dezember abschließend Feierlichkeiten stattfinden. Das eigentliche Spiel besteht darin, dass die Schüler an Kloster-, Stift- und Domschulen, mancherorts sogar die Kleriker selbst, einen „Abt“ oder „Bischof“ wählten, der ein pompöses Fest und pomphafte Umzüge durchführte. Mancherorts wurde bei diesen Feiern die Liturgie nicht ausgespart: In den Kirchen fanden Feiern unter Leitung des Kinderbischofs statt. Ausgestattet war der Knabenbischof wie ein Bischof: mit Chorkleidung, Mitra und Stab. Zum Teil oder aber für eine bestimmte Zeit galt auch die Regel, dass die eigentlichen Bischöfe den Anordnungen der Knabenbischöfe zu folgen hatten. Einige Volkskundler nehmen als Auslöser von Brauchtumsformen liturgische Festtagstexte an.

M

Manna di S. Nicolai siehe **Oleum Sancti Nicolai**

Muff, Hans siehe **Nikolaus-Begleiter**

Myra
Historischer Name der heutigen türkischen Stadt Demre, an der „türkischen Riviera“, zirka 150 km westlich vom Tourismus-Zentrum Antalya, nicht mehr unmittelbar am Meer, wohl aber noch an der Küstenstraße gelegen. Die alte Basilika in der heute islamischen Stadt ist einige Meter unter dem heutigen Niveau ausgegraben. Vor einigen Jahren haben die Stadtoberhäupter dem weltberühmten heiligen Nikolaus ein Denkmal gesetzt, das ihn aber leider im Weihnachtsmann-Outfit der Schokoladenfiguren in den Supermarkt-Regalen zeigt. Im Museum von Demre werden als Reliquien noch eine Rippe und ein Zahn des Heiligen aufbewahrt, die die Grabräuber von Bari übersehen haben sollen. Nicht nur das legendäre Wirken des heiligen Nikolaus verknüpft Myra mit dem Christentum. Paulus, der als Gefangener nach Rom transportiert wurde, passierte nachweislich „Myra in Lykien“ und stieg

dort in ein nach Italien fahrendes Schiff um (vgl. Apostelgeschichte 27,5).

Myron-Wunder siehe **Oleum Sancti Nicolai**

N

Narrenbrauchtum und heiliger Nikolaus
Mit dem Nikolaus-Brauchtum ist das Narrenbrauchtum mehrfach verknüpft. Nicht nur das auf den Nikolaus-Termin gewanderte *ludus episcopi puerorum* hat narrenhafte Züge, sondern in den dazu gehörigen Umzügen tauchen seit je her mit Larven und Masken angetane Kinder als Teufel verkleidet auf. Auch im Einkehrbrauch des heiligen Nikolaus mitziehende Teufel und Dämonen und die Teufel in den alpenländischen Nikolausbräuchen mit ihren Masken und Larven, die Lärm erzeugen und tanzen, verweisen auf Narrenbrauchtum. Aber das Narrenbrauchtum hat nicht nur Einzug in das Nikolaus-Brauchtum gefunden; auch umgekehrt findet sich Nikolaus-Brauchtum im Karneval. Der Fasenickel ist hier zu nennen.

Natalis S. Nicolai siehe **Nikolaus-Fest**

Nickel siehe **Nikolaos, Nikolaus-Name**

Nicki siehe **Nikolaos, Nikolaus-Name**

Niclastag siehe **Nikolaus-Fest**

Nicolai hiemalis siehe **Nikolaus-Fest**

Nielsdag siehe **Nikolaus-Fest**

Nikolaos, Nikolaus -Name

„Nike" bedeutet im Griechischen „Sieg", „Laos" das „Volk". „Nikolaos" bedeutet somit „Sieger des Volkes". Wenn Nikolaus eine Ehrenbezeichnung des Heiligen ist, also nicht sein ursprünglicher Eigenname, dann könnte Nikolaus den meinen, der das Böse besiegt und dem Volk gezeigt hat, wie das Gute siegreich bleibt. Der Name Nikolaos kommt in zahlreichen Varianten vor: Aschenklas (Westfalen); Busseklas, Boklaus (Braunschweig); Fasenickel; Hatscha; Helije Mann (Kölner Bereich); Hel-Niklos (Franken); Herrscheklaus (Rhön); Hirscha; Hutscheklas; Klaas; Klas; Klasbur; Klasen; Klaubauf; Klaus; Klausi; Klawes (Hannover); Klos (Schwaben); Kräst; Krast; Kristman; Nickel; Nicki; Niels, Nikelos; Niki; Niklo, Nikolo (Bayern, Österreich); Nikolai; Nikolaos (Griechenland); Nikolaus, Nikelos (Mittel- und Oberrhein); Noel Baba (Türkei); Pelznickel (Bergisches Land, evgl.); Ruhklas (Mecklenburg); Sankt Niklas (Oberschwaben); Saint Nicolas (Frankreich); Kris Kringle (Nordamerika), Class, Sinta Class, Santa Claus (Nordamerika, England); Santiklaus, Santi Klaus (Schwaben); Sin; Sintaklas, Sinte Klaas, Sinterklaas (niederl.); Strohmichel; Sinterklasen (Ameland); Sünnerklas (Ostfriesland); Zinterklos (nördl. Rheinland); Pelzmichel. Als weiblicher Name leitet sich im Deutschen Ni[c]kola wahrscheinlich von der frz. Nicole ab. Berühmte Namensträger sind: Nikolaus von Flüe (1417–1487), Familienvater, Mystiker, Heiliger; Nikolaus von Kues (1401–1464), Kanonist, Mathematiker, Philosoph, Theologe, Bischof, Kardinal; Nikolaus I. (1825–1855), Zar von Russland; Nikolaus II. (1868–1918), Zar von Russland, ermordet von den Bolschewiken; Nikolaos Studites (793–868), Abt und Heiliger; Nikolaus von Tolentino (1245–1305), Asket, Wundertäter, Heiliger. Fünf Päpste (und ein Gegenpapst) haben den Namen des heiligen Nikolaus zu ihrem Regierungsnamen gewählt: Nikolaus I. (24. 4. 858 – 13. 11. 867), Nikolaus II. (6.[?]12. 1058 – 19./27. 7. 1061), Nikolaus III. (25. 11. 1277 – 22. 8. 1280), Nikolaus IV. (22. 2. 1288 – 4. 4. 1292), Nikolaus V. (= Gegenpapst) (12. 5. 1328 – 25. 8. 1330), Nikolaus V. (6. 3. 1447 – 24. 3. 1455).

Nicolas, Saint siehe **Nikolaos, Nikolaus-Name**

Niels siehe **Nikolaos, Nikolaus-Name**

Nikelos siehe **Nikolaos, Nikolaus–Name**

Niki siehe **Nikolaos, Nikolaus-Name**

Niklas siehe **Nikolaos, Nikolaus-Name**

Niklo siehe **Nikolaos, Nikolaus-Name**

Nikolai siehe **Nikolaos, Nikolaus-Name**

Nikoläuse, Kleine
So nannte man die jeweils zwei Jungen, die früher als Poltergeister durch die Dörfer in Südwestdeutschland liefen. Gelegentlich wurden sie von Erwachsenen zu „pädagogischen Zwecken" ins Haus gerufen, wussten doch die Altersgenossen eher über die Vergehen ihrer Altersgenossen Bescheid als die Eltern.

Nikolaus von Myra
Während die meisten Wissenschaftler Angaben, wonach der heilige Nikolaus, nachmals Bischof von Myra in Lykien, um 270 in Patras als Kind wohlhabender Eltern geboren worden sein soll, für ebenso unbewiesen halten wie seine Teilnahme am Konzil von Nicäa und seinen Tod um 342, halten andere daran fest. Wissenschaftlich gesichert ist nur, dass es als wahrscheinlich gelten kann, dass es einen Bischof mit Namen Nikolaus in Myra gegeben hat, von dem zunächst in Myra, dann seit dem 4./5. Jahrhundert in der Ostkirche und spätestens seit dem 8./9. Jahrhundert in der Westkirche Wunderberichte umliefen und der kultisch verehrt wurde. Als Gedenktag gilt im Westen seit dem 8. Jahrhundert der 6. Dezember. Seit der Reliquientranslation von Myra nach Bari wurde der 9. Mai, der Tag der Ankunft der Reliquien in Bari, zum zweiten Nikolaus-Gedenktag.

Nikolaus – Patron, Patronate

Nikolaus ist Schutzherr von Russland und Lothringen, in der Schweiz Patron der Diözese Lausanne/Genève/Fribourg, vor allen Dingen Schutzherr der Hanse und der Städte Amsterdam, Ancona, Bari, Fribourg, Meran und New York. Der Heilige ist Namensgeber zahlreicher Städte auf allen Kontinenten. Die Zahl der Nikolaus-Patronate über Kirchen und Altäre wird für Deutschland im Mittelalter auf 4000 bis 5000 geschätzt. Heute sind im Erzbistum Köln noch 16 von 811 Pfarrkirchen dem heiligen Nikolaus als Hauptpatron geweiht, etwa 2 Prozent. Zahlreiche Personengruppen haben sich den Heiligen zum Patron erwählt: die Kinder und Schüler, Mädchen, die sich Männer, und Frauen, die sich Kinder wünschen, Gebärende, Seeleute, Schiffer, Flößer, Schiffsbauer und Fährleute, Kaufleute, Müller, Bäcker, Metzger, Schneider, Weber, Reisende, Gefangene, Advokaten, Notare, Pfandleiher, Küfner, Wein- und Kornhändler, Eigentümer und Bettler. Wahrscheinlich wegen seiner Hilfe für (eigentlich ja nur unschuldig!) Gefangene haben wohl auch die Diebe den heiligen Nikolaus zu ihrem Patron erkoren. Auf dem Oberarm eines 1933 in Köln Inhaftierten war die Bitte tätowiert: Heiliger Nikolaus, schütze uns vor Polizei und Arbeitshaus! Ob dies ein individueller Einfall oder eine gruppenspezifische Anschauung war, blieb bis heute ungeklärt. Die Rettung, die Nikolaus gewährt, scheint mancherorts mit seiner Kirche verbunden zu sein. In Rom ist die älteste Nikolaus-Kirche – San Nicola in Carcere – Gefängniskirche gewesen. Sie besaß das päpstliche Privileg, jedes Jahr zum Nikolausfest einen zum Tode Verurteilten zu begnadigen. Eine Nikolaus-Kirche war auch in Leipzig Ausgangsort für Frieden und Tyranneibeseitigung. Die ungeheure Popularität des heiligen Nikolaus kann man ermessen, wenn man sich die Orte ansieht, die nach ihm benannt worden sind. Zunächst sind es die Orte resp. Ortsteile, deren Namen mit „Klaus ..." beginnen, wobei jeweils geklärt werden müsste, ob der Ortsname auf den heiligen Nikolaus oder einen Klausner und seine Klause zurückgeht; dann natürlich auch die mit Nikolaus benannten Orte: 88260 Argenbühl-Klaus, 83224 Grassau-Klaus

(Chiemgau), 83346 Bergen-Klaus (Chiemgau), 52385 Nideggen-Klaus (Eifel), 83527 Kirchdorf-Klaus, Gemeinde Fürholzen bei der Stadt Dorfen, 84427 St. Wolfgang-Klaus, Gemeinde Jeßling bei der Stadt Dorfen, 04618 Klausa, 91459 Mart Erlbach-Klausaurach, 91282 Betzenstein-Klausberg, 94491 Hengersberg-Klausberg, 67808 Steinbach-Klausberg Waldhaus (am Donnersberg), 23769 Bannesdorf-Klausdorf (auf Fehmarn), 14929 Klausdorf bei Jüterbog, 18445 Klausdorf bei Stralsund, 15838 Klausdorf bei Zossen (bei Berlin), 24147 Klausdorf (Schwentine), 95704 Pullenreuth-Klausenhäusel, 95694 Mehlmeisel-Klausenhäul, 88524 Uttenweiler-Klausenhof, 88260 Argenbühl-Klausenhof, 87480 Weitnau-Klausenmühle, 87634 Obergünzburg-Klauser (Kreis Martoberdorf), 17268 Klaushagen, 48529 Nordhorn-Klausheide, 33161 Hövelhof-Klausheide,49406 Eydelstedt-Klausheide (Kreis Grafschaft Diepholz), 90579 Langenzenn-Klaushof, 23730 Altenkrempe-Klaushorst, 49406 Eydelstedt-Klausing, 24217 Höhndorf-Klauskamp (Holstein), 36151 Burghaun-Klausmarbach (Kreis Hünfeld), 86975 Bernbeuren-Klausmen, 95491 Ahorntal-Klausstein, 24797 Breiholz-Klaustal, 23775 Großenbrode-Klaustorf (Holstein). Eindeutiger noch sind die Ortsnamen, die auf den Namen Nikolaus zurückgehen: 88416 Steinhausen-Niklas (an der Rottum), 84189 Wurmsham-Niklashaag, 97956 Werbach-Niklashausen, 83739 Niklasreuth, 84034 Landshut-Nikola,14129 Berlin-Nikolasee, 37077 Göttingen-Nikolausberg,49681 Garrel-Nikolausdorf, 67317 Nikolaushof, 67317 Nikolaushof-Nikolauserhof, 26954 Nordenham-Nikolaushörne, 35325 Mücke-Nikolausmühle.

Nikolaus von Pinora/Sion
Abt von Sion, Bischof von Pinora, gestorben am 10. Dezember 564 in Lykien. Seine Lebensgeschichte wurde mit der des Nikolaus von Myra unentwirrbar verwoben.

Nikolaus-Beförderungsmittel siehe **Reittiere des heiligen Nikolaus**

Nikolaus-Begleiter
Beim Einkehrbrauch wird der heilige Nikolaus nahezu immer von einer Figur begleitet, die als gezähmter Teufel oder „dienstverpflichteter" Höllengeist deutbar ist: oft ein in Ketten gelegter, geschwärzter Poltergeist, zu dessen Ausrüstung meist Rute und Sack oder Kiepe gehören. Bei der Inszenierung übernimmt diese Figur die Präsenz des Bösen, die jedoch Böses und Böse straft, aber sich fest in der Gewalt des Guten (= hl. Nikolaus) befindet. Die Namen für diese Figur variieren. Relativ verbreitet ist der Name Knecht Ruprecht, rauer Knecht Ruprecht oder rauer Percht. Der letzte Begriff verweist einerseits auf den Teufel und andererseits auf die Entstehung des Namens Ruprecht. Teuflische Begriffe sind auch Düvel oder Bock oder der biblische Begriff Beelzebub. Bezeichnungen wie zum Beispiel Böser Klaus zeigen die Auflösung und kontraproduktive Inszenierung der Heiligenlegende. Andere Figuren sind mittelalterliche Allegorien, die menschliche Laster verkörpern, Bären, Esel, Böcke und die raue Perchta, die als Domina Perchta Hoffart, Völlerei und Unzucht verkörpert. Bezeichnungen für die Figuren sind: Knecht Ruprecht (im gesamten deutschsprachigen Raum), Ascheklas, Bullerklas, Klas Bur (Westfalen, Norddeutschland), Zwarter Piet, Pietermann, Swarte Piet (Niederlande), Pulterklas (Diethmarschen), Ruklas, Rupsack (Mecklenburg), Hans Muff (= der muffige Hans), Heiliger Mann, Düvel, Zink Muff, Zink Knatsch (Niederrhein), Belzebub, Pelzebock (Eifel und Mosel), Pelzebub (Baden), Pelznickel (Pfalz und Saar), Butz (Schwaben), Rumpelklas (Allgäu),Schmutzli, Düsseli (Schweiz), Semper, Klaubauf (Bayern), Krampus (Österreich), Schiachperchten (Salzburger Land), Partl, Bartl (Kärnten, Steiermark), Leutfresser (Ostalpen), Père Fouttard (Frankreich), Hans Trapp (Pfalz), Biggesel, Böser Klaus, Einspeiber, Gangerln, Kläuse, Klosen, Busebrecht, Buzebercht, Kehraus, Klausmänneken, Klausenpicker, Klombsack, Spitzbartl, schwarz Käsperchen, Rollebuwe, Battenmänner, Bullkater, Dollochs, Erbsbär. Im Gurktal, Österreich, taucht der Nikolo mit dem Spitzbartel auf, der in schwarzer Maske mit Kuhglocke und einer Bucklkraxn (= Kiepe) erscheint. Die Buttman-

deln, Treichler und peitschenschwingenden Geißelchlöpfer treiben in den Alpen ihre rauen Späße. Eine andere Interpretation will den heiligen Nikolaus in seiner Rolle als Schifferheiliger als christlichen Poseidon verstehen, als „Nachfolger" des griechischen Meeresgottes Poseidon (röm.: Neptun). Als „Meeresgott der Christen" habe Nikolaus ein Begleiter zugestanden, wie ihn Poseidon in seinem als Menschenschreck agierenden Sohn Triton gehabt habe. Knecht Ruprecht, der gezähmte Teufel, stehe in der Tradition des Triton. Eine weitere Auslegung sieht im Einkehrbrauch die christliche Einvernahme eines germanischen Wotan-Kultes, siehe Wotan. Die neuere Forschung sieht alle Schreckensgestalten aus dem Reich des Bösen der *civitas diaboli* entstiegen und erklärt damit ihr Vorhandensein ohne Rückgriffe auf germanisches Brauchtum.

Nikolaus-Bruderschaften

Nikolaus-Bruderschaften entstanden in vielen Städten durch Kaufleute, Schiffer und verschiedene Handwerkerzünfte. Eine der ältesten scheint in Köln an der Nikolaus-Kapelle in Sülz (heute Köln-Sülz) bestanden zu haben, die möglicherweise 1201 gegründet wurde. In der Stadt Köln entstanden später noch drei weitere Nikolaus-Bruderschaften. Am Festtag des Heiligen feierte man ein Fest und beschenkte Kinder und Dienerschaft.

Nikolaus-Falle

Als „Nikolaus-Falle" wird die fragliche pädagogische Logik des Nikolaus im *Struwwelpeter* von 1845 des Arztes Heinrich Hoffmann bezeichnet. Dieser Nikolaus droht denen Strafe an, die den unverschuldet „kohlpechrabenschwarzen" Mohren nicht unbehelligt lassen. Die makabre Begründung lautet: Was könne der Mohr denn dafür, „dass er so weiß nicht ist wie ihr?" Die Strafe für „böse Buben": Sie werden noch „viel schwärzer" gemacht und teilen darum intensiv und selbstverschuldet das Schicksal des Verspotteten. Und die (klein-)bürgerliche „Moral": Wer den Mohren verspottet, wird zum „Obermohren". Der Spott trifft den Spötter umso härter. Das Fatale dieser Argumentation, die als „Nikolaus-Falle" bezeichnet wird: Das Verbot, Andersartige zu verspotten, wird durch die angedrohte Strafe außer Kraft gesetzt!

Nikolausfest

Seit dem 8./9. Jahrhundert wurde im Westen das Fest des heiligen Nikolaus am 6. Dezember – „Natalis s. Nicolai" – begangen (Nicolai hiemalis, Niclastag, Nielsdag, niederl. Clawsdach, Klagesdach). Nach der Translatio der Gebeine des Heiligen nach Bari wurde zusätzlich der 9. Mai zum Gedächtnistag – Translatio S. Nicolai. Mit der Reform des kirchlichen Festkalenders 1969 fiel die weltweite Verpflichtung zur Feier eines Gedächtnistages für den heiligen Nikolaus fort. Dem kultisch-liturgischen Stellenwert des Heiligen, dessen Verehrung vom 12. bis zum 16. Jahrhundert unvergleichlich blühte, entsprechen kaum überschaubare Auswirkungen auf das volksfromme Brauchtum, aber auch Ausformungen von Bruderschaften, Wallfahrten, Reliquienverehrung und eine unschätzbare Anzahl bildlicher und plastischer Darstellungen. Der hohe liturgische Rang des Nikolaustages hatte profane Folgen: Was innerlich wirksam war, sollte äußerlich auch erlebbar sein. Die Festtagsküche stellte darum durch ihre Produkte sinnlich unter Beweis, welche übersinnlichen Qualitäten der jeweilige Festtag hatte. Produziert wurde für die Familie oder die Klostergemeinschaft, aber auch für das Gesinde, Verwandte, Besucher, Freunde, Gäste, Bettelnde und Heischende. Das liturgische Fest weitete sich aus zu einem Gesamterlebnis, wurde ganzheitlich erfahrbar. Alles, was heute in der Advent- und Weihnachtszeit und darüber (erheblich) hinaus an Speisen und Gebäck angeboten wird, hat seinen Ursprung im Weihnachts- und Nikolausfest und kam deshalb nur an diesen Tagen selbst auf den Tisch. In ganz früher Zeit, als die Adventzeit noch strenge Fastenzeit war, war der Nikolaustag ein unvergessliches Erlebnis: Traditionell war der Nikolaustag Schlachttag und – wo gehobelt wird, fallen Späne – bot Wellfleisch und Würste, Suppen und Reste, wo sonst nur Brei und Rosenkranz den Tag erhellten. Bekanntlich kam uns die Erfahrung „des Habens, als hätte man nicht" mit der Erfindung des Tiefkühlens abhanden.

Nikolaus-Gebäck

Als typisches Nikolaus-Gebäck gelten Weckmänner aus Hefe- oder Mürbeteig, Klasenvögel und Klasenringe (= Hefegebäck in Vogel- oder Kringelform) und natürlich das ganze Spektrum des Adventgebäcks.

Nikolaus-Laufen

Heischebrauch in der Region Bremen. Verkleidete Kinder besuchen die Häuser, singen Adventlieder und sagen ein Weihnachtsgedicht auf. Sie erwarten dafür Äpfel, Kuchen und Süßigkeiten.

Nikolaus-Legenden

Bemerkenswert und geradezu eine hagiografische Gesetzmäßigkeit ist der Umstand, dass eine historische Person, je mehr sie im Dunkel der Vergangenheit historische Präzision verliert, ein Profil im Legendarischen erst entfaltet. Der Fortfall konkreter historischer Bezüge scheint geradezu der Nährboden der Legende zu sein. Die verschlungenen Stränge der legendarischen Überlieferung des heiligen Nikolaus sind so außerordentlich kompliziert miteinander verknüpft, dass sie selbst von geschulten Experten kaum entwirrt werden können. Ältester schriftlicher Beleg für die Verehrung des Bischofs von Myra ist die Stratelatenlegende, die sogenannte *praxis de stratelatis*, die Legende von der wunderbaren Rettung dreier Feldherren vor dem Tode. Diese „Keimzelle der Nikolauslegende“ (Werner Mezger), die die Handlung zu Lebzeiten des Heiligen ansetzt, spielt zu Zeiten des Kaisers Konstantin (306–337), der mit der „Konstantinischen Wende“ die Ära des Christentums im Römischen Reich eröffnete. Die wichtigste Innovation des lateinischen Abendlandes hinsichtlich der Weiterentwicklung der Grundlegenden des heiligen Nikolaus ist die Wundererzählung von der Auferweckung der getöteten Schüler. Die älteste Fassung dieser Sekundärlegende liegt im 12. Jahrhundert in dramatisierter Form in der Hildesheimer Handschrift *Liber sancti Godehardi* vor; eine der ältesten epischen Fassungen bietet der schon genannte Robert Wace mit seinem „St. Nicholas“. Weil sich die Schülerlegende schon vor 1200 im nordfranzösischen Bereich finden lässt, aber eine Generation später in der südlich der Alpen verfassten *Legende aurea* und anderen südeuropäischen Nikolaus-Biografien nicht vorkommt, vermutet die Forschung die Entstehung dieser Schülerlegende in Nordfrankreich. Die Schülerlegende ergänzt nicht nur die im Mittelmeerraum entstandenen Legenden, sondern prägt den Typ von Nikolaus, der als himmlischer Kinderfreund und Gabenbringer in zahlreichen zeitabhängigen Metamorphosen bis in die Gegenwart fortlebt. Kult, Hagiografie, Ikonografie und Brauchentwicklung erfuhren von hier eine nach wie vor ungebrochene Vitalität, die sich im Gegensatz zur infrage gestellten kanonischen Unantastbarkeit erhalten hat.

Nikolaus-Manna siehe **Oleum Sancti Nicolai**

Nikolaus-Märkte
Am Fest des Heiligen wurde mancherorts Markt gehalten, der dann Nikolaus-Markt hieß.

Nikolaus-Schiff
Schiffchensetzen wurde der mindestens seit dem 15. Jahrhundert bekannte Brauch genannt, aus Papier oder anderem Material Nikolaus-Schiffchen oder Nikolaus-Schiffe zu basteln, in die der Heilige seine Gaben legen sollte. Hintergrund für diesen Brauch dürfte das Schifferpatronat des Heiligen sein. Das Nikolaus-Schiffchen wurde später durch den Stiefel, Schuh und Strumpf und dann den Gabenteller abgelöst.

Nikolaus-Schlachten
Wegen der Fastenzeit konnte dem an Nikolaus üblichen Schlachten (vgl. Martins-Schlachten) der Fleischverzehr nicht folgen. Das Fleisch musste eingepökelt werden. Dieser Vorgang war Anregung zur Sekundärlegende von den drei Knaben im Pökelfass, die durch den heiligen Nikolaus wieder zum Leben erweckt wurden; vgl. Ni-

kolaus-Legenden. Nachweisbar existiert diese Nikolaus-Legende im nordfranzösischen Raum seit dem 12. Jahrhundert.

Nikolaus-Spiele
Ausgehend von der Dramatisierung der Passions- und Ostererzählung hat es für viele Ereignisse des Kirchenjahres geistliche Schauspiele gegeben. Inszenierungen aus dem Leben der Heiligen gehörten zur pastoralen Vergegenwärtigung. Für das Nikolausfest sind zahlreiche solcher Schauspiele erhalten. Im 17. und 18. Jahrhundert, als Gegenbewegung zur Reformation, wurden die geistlichen Spiele als Mittel der Katechese intensiviert. Geistliche Spiele waren wahrscheinlich Vorlage für das *ludus episcopi puerorum*, dieses wiederum Ideengeber für den Einkehrbrauch.

Nikolo siehe **Nikolaos, Nikolaus-Name, Nikolaus-Begleiter**

Noel Baba siehe **Nikolaos, Nikolaus-Name**

O

Oleum sancti Nicolai
Aus dem Sarkophag des heiligen Nikolaus wurde und wird – der Tradition nach schon in Myra (deshalb auch Myron-Wunder, wobei der Begriff doppeldeutig ist: einmal bezogen auf Myra, zum anderen kann er auch „Salbe“ oder „wohlriechendes Öl“ bedeuten) – eine Flüssigkeit in der Menge von 7 bis 8 Litern jährlich aufgefangen, die als „Oleum sancti Nicolai“ oder auch als Nikolaus-Manna oder Manna di s. Nicolai bezeichnet wird. Die – erheblich verdünnt vermarktete – Substanz gilt als wunderwirkend.

Omophorion
Ein seit dem Beginn des 5. Jahrhunderts in der Ostkirche den Bischöfen vorbehaltenes Ornatstück, eine formverwandtes Schulter-

tuch, das der Bischof bei der Liturgie als Auszeichnung und zum Unterschied von anderen Geistlichen trug. Das Omophorion symbolisierte das verirrte Schaf, das der Bischof als Nachfolger des guten Hirten aufgesucht hat und auf seiner Schulter zur Herde zurückbringt. Das artverwandte Pallium des Westens dagegen wurde und wird als Abzeichen oberster Gewalt getragen.

P

Pallium

Das Pallium, heute ein Band aus weißer Wolle, das um den Hals getragen wird und von dem auf Brust und Schulter je ein Band herabhängen. Eingestickt sind schwarze Kreuze; schwarz sind ebenfalls die Enden der herabhängenden Bänder. Beim Papst, der allein sein Pallium auf der ganzen Welt über dem Messgewand tragen darf, ist das Pallium Kennzeichen des weltweiten Hirtenamtes. Bis zum 11. Jahrhundert war es dann ein Zeichen der besonderen Verbundenheit mit dem Papst, bis es schließlich zum pflichtgemäßen Ornat der Metropoliten und Erzbischöfe in ihren Sprengeln wurde. Seit dem 11. Jahrhundert ist auch in zunehmendem Maße die byzantinische Deutung des Palliums als Sinnbild des bischöflichen Hirtenamtes übernommen worden, was zu einer Verbindung des Palliums zum Fest der heiligen Agnes (Lamm = lat.: *agnus*) geführt hat.

Partl siehe **Nikolaus-Begleiter**

Patenbrot

Als Geschenk der Paten an ihre Patenkinder in der Weihnachtszeit war das Patenbrot üblich.

Teilweise erhielten die Mädchen eine Lebkuchenfrau und die Jungen einen Lebkuchenreiter.

Patengeschenk
Landschaftlich verschieden waren an verschiedenen Festtagen des Jahres Geschenke der Paten an ihre Patenkinder und der Patenkinder an ihre Paten üblich. Weihnachten, Ostern und Nikolaus galten fast allerorten. Neben festtagsgebundenen Geschenken wie z. B. dem Weckmann zu Nikolaus schenkte man vielfach Geld. Dafür wurden zuvor besonders schöne Münzen und möglichst neue Geldscheine gesammelt und aufbewahrt.

Patras (Patara)
Der Legende nach Geburtsort des heiligen Nikolaus von Myra, in Lykien an der Küste gelegen. Die *Legenda aurea* verwechselt den Ort in Lykien mit Patras in Griechenland.

Pelzebock siehe **Nikolaus-Begleiter**

Pelzebub siehe **Nikolaus-Begleiter**

Pelzmichel siehe **Nikolaos, Nikolaus-Name**

Pelznickel siehe **Nikolaos, Nikolaus-Name, Nikolaus-Begleiter, Weihnachtsmann**

Percht siehe **Nikolaus-Begleiter**

Percht(en)
Bezeichnung der Teufel im Süddeutschen.

Perchta, raue siehe **Nikolaus-Begleiter**

Père Fouettard siehe **Nikolaus-Begleiter**

Père Noël siehe **Weihnachtsmann**

Pfeffer

In mittelalterlichen Zeiten, als die von weit hergebrachten Gewürze selten, relativ unbekannt und teuer waren, weshalb wir heute noch von gepfefferten Preisen sprechen, war Pfeffer nicht nur Pfeffer, sondern ein Sammelbegriff für exotische Gewürze: Anis, Ingwer, Kardamom, Koriander, Muskat, „Nägelein" (= Nelken), schwarzer Pfeffer, Vanille, Zimt gehörten dazu. Die Gewürzhändler hießen spöttisch „Pfeffersäcke".

Pfefferkuchen

Dieses Gebäck wird natürlich nicht unter Verwendung von Pfeffer hergestellt, nicht einmal sein Preis ist heute noch gepfeffert. Aber Pfefferkuchen waren tatsächlich einmal ein mit „Pfeffer" (= Sammelbezeichnung für damals exotische Gewürze) gewürztes Hausgebäck, das aus Lebkuchen entstanden ist, der wiederum im Honigkuchen einen Vorläufer hat. Unsere Vorfahren kannten offensichtlich schon unser „modernes" Prinzip:"Watt nix kost', dat is nix!" Dieses Prinzip lässt natürlich den Umkehrschluss zu, dass alles, was teuer ist, auch besonders gut sein muss. Das eben galt wohl auch einmal für Pfeffer. Später blieb der Begriff erhalten, und die Gewürzzugaben wurden menschlicher. Anis, Fenchel, Honig, Kardamom, Koriander, Mandelöl, Mazisblüte, Muskatnuss, Nelken, Zimt und Zitronenschale mischen die Pfefferküchler nach geheimen Rezepten mit Mehl zu einem Teig, der lagern muss. Heute lagern die Teige vierzehn Tage bis ein Jahr. Früher setzte ein Meister einen Teig an, wenn ihm ein Sohn geboren wurde. Verarbeiten durfte er den Teig erst, wenn der Sohn das Geschäft übernahm. Pfefferkuchen galt als Fastenspeise. Auch als Heilmittel wurde das Gebäck eingesetzt: Fiebernden wurde empfohlen, den Kuchen in dreimal drei Stücke zu schneiden und jedes Mal drei Stücke zu essen. Aber es scheint auch Missgünstige gegeben zu haben, die wohl den Pfefferkuchen lieber für sich alleine behalten wollten. Es galt nämlich in einem alten Liebeszauber aus der Lausitz als ausgemacht, dass, wenn sich das Wetter innerhalb von 24 Stunden nach dem Genuss von Pfefferkuchen ändert, der

Pfefferkuchenesser „unfehlbar wahnsinnig" werde. Pfefferkuchen-Zentren sind Pulsnitz in der Lausitz, Aachen und Nürnberg.

phrygische Mütze

Während ein Hut seinen Träger überhöht, ihn also sprichwörtlich größer werden lässt und deshalb als „Ritualhut" ein Kennzeichen der Herren und Herrschenden ist, signalisiert die Mütze den niederen Stand. Ein Mythos benennt die Herkunft und Urbedeutung der phrygischen Mütze, einer spitz zulaufenden, nach vorn geneigten Kopfbedeckung: Der sagenhafte König von Phrygien, Midas I., sei von Apollo mit Eselsohren bestraft worden, weil er dem Gott in einem musischen Wettstreit widersprochen habe. (Seine kleinasiatische Dynastie hielt es zu ihrer Zeit deshalb für hohen Ruhm, von einem Esel abzustammen: Midas wurde als Gott in Tiergestalt angebetet). Damit die angewachsenen Eselsohren verborgen bleiben konnten, ließ sich Midas eine besondere Mütze anfertigen, eben die phrygische Mütze. Trotz strengster Strafandrohungen plauderte aber der Friseur des Königs das Geheimnis aus, das sich wie ein Lauffeuer verbreitete. Vor diesem Hintergrund wurde die phrygische Mütze zum Symbol des offenen Widerspruchs gegen Bevormundung „von oben". Das aufrührerische, obrigkeitskritische und oft illegale Tun des Mützenträgers wird vielfach dargestellt. Mit der phrygischen Mütze erscheinen die Amazonen, die geborenen Feinde der patriarchalischen Ordnung. Auch Paris, der Prinz von Troja, wird so dargestellt, weil er Helena mit illegalen, magischen Mitteln entführt hat. Die Altarbilder in den römischen Mithräen zeigen den Stiertöter Mithras mit phrygischer Mütze. Zur Zeit der Etrusker gelangte die Symbolmütze als Zeichen freiheitsbewusster Lebenshaltung nach Italien. In der Renaissance weitete sich die symbolische Bedeutung auf zwei weitere Kopfbedeckungen aus: die Baskenmütze und das Barett. Sie wurden zum Standeszeichen der von Natur liberalen Künstler. Typisch für alle diese Mützen: Beim Grüßen werden sie nicht – wie ein Hut – gelüftet. Der asymmetrische Sitz von Baskenmütze oder Barett betont den provozierenden Charakter dieser Kopfbedeckung. Sowohl der Hut (vgl. z. B. Thomas Mann als typischen Herrenhutträger) oder die Baskenmütze (vgl. z. B. Heinrich Böll als typischen Träger) verdeutlichen den geistigen Standort ihres Trägers. Im Altertum kennzeichnete die phrygische Mütze mehr die Herkunft des Bemützten aus Kleinasien und/oder seinen Stand: die Zugehörigkeit zur Priesterkaste der Meder. Im Zusammenhang christlicher Ikonografie taucht die phrygische Mütze zuerst in Verbindung mit den Heiligen drei Königen auf. Weil die bei der Geburtserzählung Jesu erwähnten Magier aus dem Osten kamen, erhielten sie – ehe sie in den Legenden zu „Königen" wurden – phrygische Mützen; so zu finden auf Sargreliefs im 3. und 4. Jahrhundert und auf dem berühmten Mosaik in Ravenna aus dem 6. Jahrhundert. Als der heilige Nikolaus zum bösen Nikolaus säkularisiert wurde – erstmals durch Hoffmann im *Struwwelpeter* –, verlor er seinen bischöflichen Ornat, der durch einen roten Mantel und eine rote phrygische Mütze ersetzt wurde. Während alle anderen Kennzeichen des Nikolaus verloren gingen, als er in Amerika zum Saint Claus und dann zum Father Christmas oder Weihnachtsmann mutierte, blieb ihm die rote phrygische Mütze als Hinweis auf seine kleinasiatische Herkunft erhalten. Eben dieses Kennzeichen ist auch den „echten" Gartenzwergen eigen, den jüngsten Abarten des Heiligen aus der heutigen Türkei. Die Symbolik der phrygischen Mütze war auch für die Jakobiner im aufrührerischen Frankreich des 18. Jahrhunderts noch ausdrucksstark. Sie übernahmen die Mützenform für ihre Jakobinermütze, die zur Kopfbedeckung der an der Französischen Revolution Beteiligten wurde. Als bei der Neubelebung der Fastnacht nach 1827eine einheitliche Kopfbedeckung für die Narren gesucht wurde, war diese Jakobinermütze Vorbild für die moderne Narrenkappe: zunächst ein Papierhütchen in Form der phrygischen Mütze, aus der sich dann die Narrenmütze in Schiffchenform entwickelte, die noch immer eine nach vorn geneigte Spitze aufweist. Die jüngste Gegenwart zeigt die Lebendigkeit der symbolhaften Bedeutung der phrygischen Mütze: Auch der extrem hochgestellte, nach vorn gerichtete und oft rot gefärbte Haarkamm der Punks nimmt die uralte Symbolik auf.

Piet, Swarter / Zwarter, Pieterman
Knecht Ruprecht heißt in den Niederlanden „Swarter Piet" und begleitet den heiligen Nikolaus, der jedes Jahr „aus Spanien" kommt. In den Niederlanden gibt es seit einigen Jahren eine Diskussion um den Swarten Piet, nämlich ob es nicht rassistisch sei, ihn weiter „schwarz" auftreten zu lassen. Man kompromittiere damit die Farbigen, denn schwarz sei Piet erst seit der Entdeckung Amerikas. Dies ist aber ein doppelter Irrtum: Seit der Anwesenheit der Römer am Niederrhein sind Afrikaner bekannt, spätestens mit dem Christentum und der Dreikönigslegende wurden sie auch dargestellt. „Der Schwarze" meint seit je her aber keine menschliche Rasse, sondern die Personifikation des Bösen, den Teufel selbst – schwarz wegen seiner Gesinnung und des Höllenfeuers."Der schwarze Peter", das sprichwörtliche Unglück nicht nur beim Kartenspiel, hat also nichts mit Rassendiskriminierung zu tun. Siehe Nikolaus-Begleiter

Pinora
Stadt in Lykien, in der der Abt Nikolaus von Sion Bischof war. Seine Lebensgeschichte wurde mit der des Bischofs Nikolaus von Myra vermischt.

praxis de stratelatis siehe **Nikolauslegenden**

Printenmann siehe **Weckmann**

Pudelmutter siehe **Lucia**

Pulterklas siehe **Nikolaus-Begleiter**

R

Raue Perchta, siehe **Nikolaus-Begleiter**

Rauer Knecht Ruprecht siehe **Nikolaus-Begleiter**

Rauer Percht siehe **Nikolaus-Begleiter**

Reittiere des heiligen Nikolaus
Esel, Schimmel, Rentiere, Hirsche ... zur Beförderung des heiligen Nikolaus und seiner Geschenke sind in den verschiedenen Jahrhunderten und Landschaften verschiedene Tiere üblich, seit der Erfindung des Autos benutzt die Figur natürlich auch – aber nur gelegentlich, wegen der Tradition! – einen modernen, technischen Fuhrpark. Je weiter die Legende in der Vergangenheit aber nach Norden drang, desto unwahrscheinlicher war ein – normalerweise im Mittelmeerraum angesiedelter – Esel als Reit- und Transporttier. Nikolaus konnte aber als Heiliger nicht auf irgendeinem Pferd reiten – Heilige reiten nördlich der Alpen stets auf einem Schimmel. Das weiße Tier symbolisiert die Reinheit, Lauterkeit und Heiligkeit des Reiters. Im hohen Norden dagegen war auch das Pferd nicht mehr glaubwürdig. Ein Rentierschlitten löste das Problem. Das Rentier ist natürlich kein Reittier des Heiligen, sondern Zugtier für den Schlitten. Dieses Gespann schaffte auch die Weltmeerüberquerung und steht deshalb dem amerikanischen Nikolaus in seiner Santa-Claus- bzw. Weihnachtsmann-Ausgabe zur Verfügung. Im 19. Jahrhundert gibt ein Buch einen Rentierschlitten mit nur einem Tier wieder; 1882 schrieb Dr. Clement Clarke Moore für seine Kinder ein Nikolaus-Gedicht, in dem er jedem der acht Rentiere einen Namen gab.

Reliquien
Die Gebeine der Heiligen – zunächst der Märtyrer, dann auch der Bekenner – (= Primärreliquien), später auch die Utensilien ihres Lebens (Kleidung, Gebrauchsgegenstände ...) (= Sekundärreliqui-

en) und noch später alle Gegenstände, die mit den Primär- und den Sekundärreliquien in Berührung gekommen waren (= Tertiär- oder Berührungsreliquien), galten als beseelt mit der besonderen Kraft der Heiligkeit: der *virtus*. Auch ein Heiliger würde einst nach dem Weltgericht seine Gebeine wieder in Gebrauch nehmen. Und da die Heiligkeit den ganzen Menschen, Seele und Leib, betraf, galt die Heiligkeit nicht nur für die im Himmel weilende Seele, sondern auch für den Körper auf der Erde. Kapellen und Kirchen wurden zunächst über den Gräbern der Blutzeugen gebaut, später wurden ihre Leiber „zur Ehre der Altäre erhoben", also im Winkel von neunzig Grad zum Altar aufgebahrt (Heiligenschrein). Galt es in den ersten Jahrhunderten als strikt verboten, Reliquien zu teilen (Tabu des Grabes), so hielt man sich in späterer Zeit nicht mehr daran. Reliquien wurden geteilt und in die Altäre eingebracht (Reliquiengrab), die nicht mehr über Heiligengräbern errichtet wurden. Am Todestag und/oder am Tag der Reliquientranslation, also dem Tag, an dem die Reliquien am Ort ihrer jeweiligen Verehrung eingetroffen waren, wurden die Reliquien besonders verehrt. Wallfahrer kamen von Nah und Fern, Wunder wurden erfleht. Die Missbräuche bei der Reliquienverehrung, Reliquienraub, dubiose Verehrungsobjekte und -formen, suchten die Konzilien zu beseitigen.

Reliquienraub siehe **Bari**

Rentier siehe **Reittiere des hl. Nikolaus**

Rollebuwe siehe **Nikolaus-Begleiter**

Ruhklas siehe **Nikolaos, Nikolaus-Name, Nikolaus-Begleiter**

Ruklas siehe **Nikolaus-Begleiter**

Rumpelklas siehe **Nikolaus-Begleiter**

Ruprecht, Knecht siehe **Nikolaus-Begleiter**

Rupsack siehe **Nikolaus-Begleiter**

Rute

Beim Nikolaus-Einkehrbrauch spielt die Rute eine Rolle: „Böse“ Kinder bekommen die Rute entweder symbolisch (dann aber natürlich ohne anhängende Süßigkeiten!) überreicht oder aber – tatkräftiger – in der Form eines Strafinstrumentes zu spüren. Da der heilige Nikolaus unmöglich selber schlagen darf – dies vertrüge seine Würde nicht –, wird diese abschreckende Aufgabe durch das von ihm beherrschte Teufelchen ausgeführt. Im volkstümlichen Jahresbrauchtum taucht die Rute an verschiedenen Stellen auf: als Martinigerte zum Beispiel oder aber auch als Narrenpritsche. Ein Stab, ein Stock sind nach uralter Auffassung Symbol männlicher Herrschaft und Leitungsgewalt. Der Stab enthält von Natur aus Kraft und Dynamik. Er kann seine Macht auf doppelte Weise zeigen: positiv und negativ. Seine Lebenskraft kann neues Leben und Fruchtbarkeit verleihen, umgekehrt kann der gleiche Stock die gleiche Kraft zur Züchtigung einsetzen, zum Verletzen und Töten. Wie lebendig dieses Denken noch heute ist, zeigt sich nicht nur, wenn Kinder mit Stöcken spielen, sondern es ist auch daran zu erkennen, wie englische Offiziere mit ihrem „Offiziersstock“ umgehen. Auch der „Ritterschlag“ vergangener Zeiten verleiht die Kraft über das dafür verwendete Gerät. Die Rute konnte zwar in Gottes Hand zu seines „Zornes Rute“ (Jesaja 10,5) werden, also zu einem Instrument der Bestrafung, vom Ausgangsmaterial aber betrachtet, hatte sie die Aufgabe, die ihr innenwohnende Kraft weiterzugeben, zu segnen, zu befruchten. Wenn beim Einkehrbrauch die Rute nur noch „in der Hand des Bösen“ schwingt, dann ist ein guter Teil ihres Sinnes verloren.

S

Sack, in den Sack stecken

Beim Einkehrbrauch des heiligen Nikolaus besteht eine – pädagogisch wenig kluge – Variante darin, den „bösen" Kindern zu drohen, Hans Muff werde sie in den Sack stecken. Der Sack, den der Nikolaus-Begleiter mit sich trägt, hat demnach zwei Funktionen: Er transportiert zum Besuch hin die Geschenke für die „guten" Kinder und nach dem Besuch die „bösen" Kinder ab. In bildlichen Darstellungen war dieser Abtransport von Kindern im Sack gegenwärtig. Mit dieser Drohung nahm das Brauchtum ein sehr viel älteres Bild auf: „Einen in den Sack stecken" im heutigen Sinne von z. B. „jemandem an körperlichen oder geistigen Kräften überlegen sein" hat ihren Ursprung in einer besonderen Form von Ringkämpfen, die im 16. Jahrhundert noch üblich waren, bei denen der Besiegte wirklich in den Sack gestoßen oder gesteckt wurde. Literarisch lässt sich das realistische In-den-Sack-Stecken gleich mehrfach belegen: In einem alten Lügenmärchen heißt es: „Er liuget, er saehe ûf einer wise, daz ein getwerc (Zwerg) unde ein rise die rungen einen halben tac. Do nam daz getwerc einen sac, da stiez ez den risen in." Ein Volkslied von 1400 formuliert: „Und wer den andern übermag, der schieb in fürbaß in den Sack." Das „In-den-Sack-Stecken" spielt auch in vielen Volkserzählungen, insbesondere Märchen, eine Rolle: Der Geisterbanner steckt den Geist in einen Sack; der Meisterdieb zeigt seine Geschicklichkeit, indem er Pfarrer und Küster in seinen Sack lockt, ebenso beweist das Bürle (Brüder Grimm) seine List, indem es sich durch einen leichtgläubigen Wanderer aus dem Sack befreien lässt. Das Gleiche gilt für den Bruder Lustig (Brüder Grimm), der alles in seinen Sack springen lässt. Mit großer Wahrscheinlichkeit kann auch der Schweizerische Familienname des 15. Jahrhunderts, „Springinsack", mit dieser Kampfart in Verbindung gebracht werden. Die Redewendung ist auch im 17. Jahrhundert, als die katholische Reform und mit ihr der Einkehrbrauch Fuß fassten, noch üblich. 1639 heißt es: „Wer den andern vermag, der steckt jhn in Sack."

Als Kaiser Maximilian II. (1564–1566) sich nicht entscheiden konnte, ob sein Kriegsrat, ein wegen seiner Körpergröße und Stärke berühmter Ritter, oder ein vornehmer Spanier die Hand seiner natürlichen Tochter erhalten sollte, beschloss er, die Entscheidung durch einen Ringkampf herbeiführen zu lassen. Sieger sollte sein, wer den anderen in den Sack steckte. Als der Kriegsrat den Spanier in den Sack steckte, hatte er damit auch im übertragenen Sinne den Kaiser, die schöne Braut und die reiche Mitgift „im Sack", denn Sack bedeutet oberdeutsch auch Tasche. Schon bei Agricola (1528) findet sich die Wendung: „Wer Meister wird, steckt den andern in den Sack." Die Redewendung vom In-den-Sack-Stecken ist nicht im 17. Jahrhundert mit dem Nikolaus-Einkehrbrauch erstarrt, sondern lebt weiter. So hauen wir heute u. a. „in den Sack" usw.

Saint Claus siehe **Nikolaus, phrygische Mütze, Weihnachtsmann**

Saint Nicolas siehe **Nikolaus-Namen**

Saint-Nicolas-du-Port
Lothringischer Wallfahrtsort, südlich von Metz bei Nancy, an der Route Nationale 59 gelegen. Seit Ende des 12. Jahrhunderts der Nikolaus-Wallfahrtsort nördlich der Alpen, zu dem Hunderttausende pilgerten. Auslöser des Kultes war eine Fingerreliquie des Heiligen, die während bzw. nach seiner Übertragung nach Bari „erworben" wurde. Hier beteten sowohl Jean d'Arc wie 1477 der Lothringer Herzog René II., der anschließend das Heer des Burgunderkönigs Karls des Kühnen schlug. Der unbedeutende Marktflecken Port wurde in Saint-Nicolas-du-Port umbenannt.

Santa Claus siehe **Nikolaos, Nikolaus-Name, Schenktermine, Weihnachtsmann**

Santi Claus siehe Nikolaos, Nikolaus-Namen

Santi Klaus siehe **Nikolaos, Nikolaus-Name**

Santiklaus siehe **Nikolaos, Nikolaus-Name**

Schenken

Während heutzutage das Schenken fast so etwas wie eine Pflicht, Statusverteidigung oder Selbstdarstellung sein kann, hatte das Schenken früher – wenigstens im Ansatz – Symbolcharakter: Den Armen schenkte man existenziell Notwendiges und – damit sie mitfeiern konnten – etwas zum Essen und Trinken. Der Kreis der Armen, für den oft vor dem eigentlichen Fest gesammelt wurde (Christkindl einläuten), wurde ab der Reformation um die evangelischen Kinder erweitert, deren Kinderbeschenktag zu Nikolaus damit entfallen sollte. Bis zur Reformation schenkten Erwachsene sich untereinander nichts, außer dass der Dienstherr verpflichtet war, seinen Dienstboten eine Kleinigkeit zu schenken. Das Beschenken der Erwachsenen untereinander begann erst mit dem Verständnis von Weihnachten als Familienfest. Als „norddeutsch-protestantische Sitte" wird der Gabentisch am Heiligabend in einer bayerischen Chronik von 1860 bezeichnet, „welche nur in München, seit den Tagen der Königin Caroline eingeführt, in den höheren Ständen festen Fuß gewonnen hat". Geschenke waren dabei manchmal symbolisch gemeint, aber immer etwas, was über die „Grundversorgung" mit Notwendigem hinausging, ein *superadditum*: ein Buch, Süßigkeiten oder Spiele. Das Geschenk sollte die Freude vermitteln, die der Festtag bot, der ein Ereignis der „Übernatur" (= *supernaturalitas*) feierte. Der qualitative, tiefergehende Sinn der Geschenke stand früher stärker vor Augen.

Schenktermine

Kinderbeschenktag war im frühen Mittelalter das Fest der Unschuldigen Kinder (28. Dezember). In dem Maße, wie der heilige Nikolaus populär und Patron der Schüler und Kinder wurde, verlagerte sich im 13. Jahrhundert der Kinderbeschenktag für Jungen auf den Festtag des heiligen Nikolaus (6. Dezember). Im

14. Jahrhundert ist der 6. Dezember als Geschenktermin allgemein üblich. Mancherorts scheint parallel das Fest der heiligen Lucia (13. Dezember) zum Kinderbeschenktag für die Mädchen geworden zu sein. Um 1500 war Weihnachten als Schenktermin oder Kinderfest unbekannt. Die Reformation hat sowohl den heiligen Nikolaus als Gabenbringer als auch den 6. Dezember als Schenktermin bekämpft. Heilige als Mittler göttlicher Gnade waren nach reformatorischer Lehre überflüssig. Neuer Schenktermin – zunächst in protestantischen Gegenden, nach 1900 allmählich in ganz Deutschland flächendeckend – wurde Weihnachten (24./25. Dezember). In Neuss am Rhein und in weiten Teilen des (damals fast flächendeckend katholischen) Rheinlandes wird um 1900 noch am Nikolaustag beschert. Gabenbringer wurde eine von Martin Luther propagierte Kunstfigur: das Christkind, die es aber als Nikolaus-Begleiter oder als Gabenbringer schon vorher gab. In den protestantischen Ländern ließ sich der Wandel von Nikolaus zum Christkind und damit vom 6. auf den 24. Dezember nicht überall durchsetzen: Die Niederlande hielten am alten Schenktermin und am heiligen Nikolaus fest. Der von ihnen nach Amerika importierte heilige Nikolaus mutierte dort zum Santa Claus und Father Christmas und wurde als Weihnachtsmann nach Europa reimportiert.

Schiachperchten siehe **Nikolaus-Begleiter**

Schiffchensetzen siehe **Nikolaus-Schiff**

Schiffsallegorese
Die allegorische Deutung des Schiffs geht nicht nur auf die biblische Erzählung von der Stillung des Sturm auf dem See (Matthäus 8,18.23–27; Markus 4,35–41; Lukas 8,22–25) zurück. Sie ist im Judentum (Arche Noach, Jona-Erzählung) ebenso bekannt wie in anderen antiken orientalischen Kulturen (vgl. z. B. den Gebrauch von Totenschiffen). Im 2. Jahrhundert setzt Tertullian Schiff und Kirche gleich. Seit dem 4. Jahrhundert findet diese Gleichsetzung

allgemeine Verbreitung. Früheste christliche Schiffsdarstellungen finden sich auf Grabmälern des 3. und 4. Jahrhunderts. Diese Seelenschiffchen sind zu unterscheiden von den späteren Kirchenschiffen, die zwar auf den Hafen des Heils ausgerichtet, aber noch nicht angekommen, heilsgefährdet, zugleich aber auch heilssicher sind (vgl. Ursula-Schifflein). Zielhafen (= die ewige Ruhe) ist das himmlische Jerusalem, die „Stadt des großen Königs", der Himmel. Der Aufbau der Kirche wird mit den Funktionen und der Besatzung eines Schiffs verglichen. Der Mastbaum wird mit dem Kreuz gleichgesetzt, der das Kirchenschiff über das Meer lenkt. Das Kreuz ist Siegeszeichen und Garant des Sieges der Kirche, einer Schicksalsgemeinschaft auf Leben und Tod. Der heilige Ambrosius sieht das Schiff der Kirche „mit den Segeln am Mastbaum des Kreuzes, die sich blähen im Sturmwind des Heiligen Geistes". Der Papst vergleicht Anfang des 3. Jahrhunderts das Kirchenwesen mit einem Schiff. Die Kirche als Schiff, das sogenannte Kirchenschiff, nimmt physische Gestalt an: Romanik, Gotik, Barock, Klassizismus, Neuromanik und Neugotik bilden die Längsachse der Kirchengebäude als Kirchenschiff aus. Ausgangspunkt hierfür ist die Belehrung des Volkes durch Christus vom Boot aus (Lukas 5,3), die als Auftrag verstanden wurde, in der Kirche das Wort Gottes zu verkünden (so Beda Venerabilis). Das Kirchenschiff wird zur zweiten Arche des Heils mit dem Steuermann Christus, dem Windhauch des Heiligen Geistes, den Rudern der Weisheit, den Tauen der Tugend usw. Das Meer ist Bild für die Welt, die Gläubigen sind die Passagiere, die Segel symbolisieren die Liebe, der Glaube ist der Kompass. Die Gottesmutter Maria aber ist der Meerstern (vgl. „Meerstern, ich dich grüße", „Ave, maris stella"). Geradezu programmatisch deutet Petrus Chrysologus die Fastenzeit als Schifffahrt auf die Freuden des Osterfestes durch die vorbereitenden Wochen enthaltsamen Lebens. Das Gegenmodell zum allegorischen Kirchenschiff ist das mittelalterliche Narrenschiff. – In Verbindung mit dem hl. Nikolaus deutet ein Schiff auf seine Legende, in der er Seeleute und Pilger auf dem Wasser rettet. Er wurde deshalb Patron der See- und Binnenschiffer, Brückenheiliger und fand sich in fast jedem Hafen als Plastik und in jeder Hafenstadt als Kirchenpatron.

Schimmel

Traditionsgemäß reitet der heilige Martin beim Martinszug auf einem Schimmel, obwohl die erste und authentische Martins-Biografie den Heiligen mit keinem Pferd oder gar Schimmel in Verbindung bringt. Der Heilige hat auch keine Nähe zu den „Schimmelreitern" Odin oder Wotan. Der Schimmel ist Attribut des Heiligen (wohl aufgrund von Offenbarung 19,11–14), so wie er Attribut des christlichen Kaisers war. Gegenüber dem Rappen symbolisiert der Schimmel das gute Prinzip, weshalb er auch von tugendhaften Menschen geritten wird. Aus dem gleichen Grund ist der Schimmel auch Reittier des heiligen Nikolaus.

Schlachtfest

Nikolaus war Schlachttermin: Hier verloren die Schweine ihr Leben, die den Menschen in den nachfolgenden Wochen die Bäuche füllen sollten.Wenn früher auf einem Bauernhof ein Schwein oder ein Rind geschlachtet wurde, so war das nicht nur ein sachlicher Vorgang der Fleischbevorratung und -konservierung für die Winterzeit, sondern ein Ereignis, zu dem es für die Kinder sogar schulfrei gab. Alle – oft auch die Verwandten, Bekannten und Nachbarn – beteiligten sich an den Arbeiten. Am Abend wurde die gemeinsam erledigte Arbeit gefeiert: Wurstbrühe, Wellfleisch, Blut-, Leber- und Grützwürste, Speck, Tierfüße, Schweineohren und anderes wurden mit Sauerkraut, gedünsteten Äpfeln und – natürlich – mit Bier und Schnaps gereicht. Wer nicht mitfeiern konnte, dem schickte man eine Auswahl der Köstlichkeiten nach Hause. Das Nikolaus-Schlachten verlangte auch Fastenverhalten, weil es in die Fastenzeit fiel, weshalb das Fleisch nahezu ausschließlich zum Einpökeln bestimmt war. Der Nikolaustag wurde deshalb kaum als Schlachtfest begangen, auch wenn man sich an diesem Tag weniger „fastenmäßig" ernährte. Beim Schlachtfest trifft man auf den Heischebrauch: Die Nachbarskinder zogen zu dem

Haus, in dem ein Schlachtfest stattfand, und sangen, bis sie mit Würsten belohnt wurden (daher: „um die Wurst singen", „es geht um die Wurst" als Preis oder Gabe). Ein ähnlicher Brauch ist das Wurststechen: Spaßeshalber schoben die jungen Burschen eine lange Holzstange durch das Küchenfenster und erprobten, ob sie in der Gunst der heiratsfähigen Haustochter standen. In diesem Fall hing an der Stange eine apetittlich-pralle Wurst, im andern Fall ein mickriges Schweineschwänzchen o. ä.

Schmutzli siehe **Nikolaus-Begleiter**

Schülerbischofsspiel siehe **ludus episcopi puerorum**

schwarz Käsperchen siehe **Nikolaus-Begleiter**

Seelenfresser siehe **Kinderfresser**

Seelenschiffchen siehe **Schiffsallegorese**

Sinta Class siehe **Nikolaos, Nikolaus-Name**

Sintaklas siehe **Nikolaos, Nikolaus-Name**

Sinte Claas siehe **Nikolaus-Begleiter**

Sinte Klaas siehe **Nikolaos, Nikolaus-Name**

Sinterklaas siehe **Nikolaos, Nikolaus-Name**

Sinterklasen siehe **Nikolaos, Nikolaus-Name**

Sommernikolaus
Bezeichnung für den Gedächtnistag am 9. Mai, an dem der Translation der Nikolaus-Reliquien nach Bari gedacht wird.

Spekulatius
Dem Hausbesuch des heiligen Nikolaus beim Einkehrbrauch entspricht die bischöfliche Visitation (lat.: *visitatio* = Besuch), bei der sich der Bischof durch eigenen Augenschein von den pastoralen Verhältnissen in einer Gemeinde überzeugt. Der Bischof tritt dabei als „Spekula-tor" (lat.: *speculari* = spähen, sehen, gewahr werden; vgl. lat.: *speculum* = Spiegel, Vorbild; vielleicht auch von lat.: *species artificiosa* = kunstvolles Bildnis), Beobachter, auf und ist gleichzeitig Vorbild. Ein spezielles Gebildebrot, der Spekulatius, scheint seinen Namen deshalb zu haben, weil es meist den Bischof, der auch den Titel „Spekulator" (lat.: *episcopus speculator*) trug, in repräsentativer Form, oft hoch zu Ross, wiedergab. Der Spekulatius ist ein Formgebäck aus dem holländisch-niederrheinischen Gebiet (in Abgrenzung von Gebildebrot, vgl. Weckmann), weil es durch die Benutzung von Modeln, in die der Teig hineingepresst wird, entsteht. Dargestellt werden der Heilige, Szenen der Legende und regionale Motive. Die Modeln aus Holz und Ton lassen sich bis in das 16. Jahrhundert zurückverfolgen. Das möglicherweise zunächst nur in Verbindung mit dem Nikolausfest hergestellte Gebäck wird seit Jahren auch zu St. Martin, im Advent und zu Weihnachten gereicht. In den Niederlanden wird der Spekulatius ganzjährig zum Nachmittagskaffee angeboten.

Spitzbartel siehe **Nikolaus-Begleiter**

Springerle
Dieses typische Adventgebäck kommt, im Gegensatz zum Spekulatius, aus dem süddeutschen Raum. Das Springerle sieht wie zwei übereinandergesetzte Gebäckstückchen aus. Häufig wird ein Reiter (= Springer), aber auch Heilige oder Tiergestalten, wiedergegeben. Für die Herstellung werden Modeln benötigt.

Stab siehe **Rute**

Stratelatenlegende siehe Nikolauslegenden

Stratelatenwunder
Älteste Legende von Nikolaus im Osten und Westen. Diese Legende von der Rettung der drei Feldherren setzt die kultische Verehrung des heiligen Nikolaus voraus und war zugleich Auslöser von Folgelegenden.

Strohmichel siehe **Nikolaos, Nikolaus-Name**

Struwwelpeter
Für seine eigenen Kinder zeichnete der Frankfurter Arzt Heinrich Hoffmann den 1845 erstmals im Druck erschienenen *Struwwelpeter*, der bis heute in vielen Sprachen in zweistelliger Millionenauflage verbreitet wurde. Diese von zeitgemäß bürgerlicher Anpassungs- und Drohpädagogik gespeiste Bildgeschichte greift zwar die Figur des Nikolaus (bereits nur noch am Namen und der roten Farbe des Mantels und der Zipfelmütze erkennbar) auf, füllt ihn inhaltlich aber völlig anders. Der „Niklas", „bös und wild", steckt Kinder in ein Tintenfass, statt – wie in der Legende – die toten Kinder aus dem Pökelfass zum Leben wiederzuerwecken. Der säkularisierte Nikolaus mit der phrygischen Mütze ist der Vorläufer des Weihnachtsmannes.

Sünnerklas siehe **Nikolaos, Nikolaus Name**

Swarte Piet siehe **Nikolaus-Begleiter**

T

Teufel
Widersacher Gottes in der Bibel, der Herr der Gegenwelt und des Reiches des Bösen, der in der mittelalterlichen Fastnacht häufig dargestellt wurde, ist der Teufel (nhd.: tiuvel, tievel, ahd.: tiufal) oder Satan, der zunächst als Engel mit dem Namen Luzifer im

Himmel lebte und sich dann gegen Gott empörte. Die außerbiblische Literatur erzählt, in einem Kampf habe der Erzengel Michael den Engel Luzifer besiegt und in die Hölle gestürzt. Der Legende nach soll dies an einem 1. August passiert sein, weshalb der 1. August ein Unglückstag ist. Entstanden ist die Wortbildung aus dem got. diabaulus, diabulus, das über das kichenlateinische diabolus, diabulus auf das gr. „diabolos" = verleumdend, schmähend zurückgeht. Das griechische Substantiv *diabolos* kommt von dem Verb *diaballein* = durcheinanderwerfen, entzweien, verfeinden, schmähen, verleumden. Das Wort „Teufel" hat im Deutschen die einheimische Bezeichnung „Unhold" (ahd.: unholdo) abgelöst. Im Karneval spielte der Narr, was er fürchtete, nämlich „des Teufels zu sein", dem Teufel anheimzufallen, einer der Seinen zu werden. Beim Einkehrbrauch des Nikolaus hat der Heilige den Teufel fest im Griff, er liegt an der Kette und ist dem Guten dienstbar. Anstelle des hl. Nikolaus trägt er die Gaben, kann aber auch in seinem Sack „böse Kinder" abtransportieren.

Thaumaturgos
Griech. Wundertäter, einer der Titel des heiligen Nikolaus.

Theophanu
Byzantinische Prinzessin, um 959/960 geboren, 972 eingeheiratet in das ottonische Kaiserhaus und Gemahlin Kaiser Ottos II. (973–983) und Mutter Ottos III. (983–1002), gestorben 991. Sie förderte in Deutschland die Verehrung des hl. Nikolaus. Die ottonischen Kirchengründungen erhalten Nikolaus zum Patron

Translatio S. Nicolai
Der Raub der Nikolaus-Reliquien der Barenser in Myra wird als „Reliquientranslation" von Myra nach Bari bezeichnet. Das liturgische Fest wurde bzw. wird am 9. Mai begangen.

Trapp, Hans siehe **Nikolaus-Begleiter**

U

Unschuldige Kinder

Nach Matthäus 2,8–18 befahl Herodes, als sich die Magier von ihm nicht zur Denunzierung des neugeborenen Messias benutzen ließen, in Betlehem und Umgebung alle Knaben im Alter bis zu zwei Jahren zu ermorden. Anhand profaner historischer Quellen lässt sich dieser Vorgang nicht beweisen, weshalb er in der Forschung von einigen angezweifelt wird. Andere verweisen darauf, dass dieser Bericht durchaus zur Verhaltensweise des Herodes passt. Matthäus sieht in diesem Vorgang die Erfüllung des Prophetenwortes von Jeremia 31,15. Auffällig sind die Parallelen zur Kindheitsgeschichte des Mose, der ebenfalls als Befreier seines Volkes – wenn auch nur aus der ägyptischen Knechtschaft und nicht von Sünde und Tod – auftritt. Seit dem 5. Jahrhundert gibt es einen Gedenktag für die Betlehemitischen Kinder, die nicht nur ohne Schuld und als Märtyrer, sondern sogar stellvertretend für Christus gestorben sind. In Zeiten hoher Säuglings- und Kindersterblichkeit gewann dieser Gedenktag besondere Bedeutung. Die Unschuldigen Kinder sind Patrone der Chorknaben und Findelkinder. Sie werden angerufen gegen Ehrgeiz und Eifersucht. Als Tag, an dem man sich Fruchtbarkeit wünschte und durch Rutenschläge segnend vermittelte, gewann dieser Gedenktag Bedeutung. Wahrscheinlich in Erinnerung an die im Gedenkanlass sichtbare Brutalität bei Auseinandersetzungen wurde dieser Tag auch als Versöhnungstag im Rheinland gefeiert. Am Sonntag, nach dem Kirchgang, fand im Rathaus eine Feier zur Beendigung von Streitigkeiten und Feindschaften statt. In Erinnerung an die Flucht der heiligen Familie nach Ägypten und der Leistung, die dabei der Esel vollbracht hat, steckte man Eseln, denen man am 28. Dezember begegnete, eine Leckerei ins Maul. In der nur den Kindern eigenen Unbekümmertheit haben diese im Mittelalter diesen Tag für sich reklamiert und vereinnahmt. In Kloster- und Domschulen führten die Schüler das Regiment und durften in Reimform ihre Meinung sagen. Sie spielten „verkehrte Welt", in der die Großen klein und die Kleinen groß sind. An diesem Tag fand das Kinderbischofsspiel (*ludus episcopi puerorum*) statt, das – um 1300 mit dem Aufkommen der Nikolaus-Verehrung – ebenso auf den Nikolaustag abwanderte wie die Sitte des Kinderbeschenkens (Kinderbeschenktag). In Bayern schenkten die Paten ihren Patenkindern an diesem Tag Gebäck: den Mädchen eine Lebkuchenfrau, den Jungen einen Lebkuchenreiter. Bereits in vorchristlicher Zeit hatte dieser Tag für die Kinder eine besondere Bedeutung. Frau Holle zog in dieser Nacht mit allen Kindern, die im Jahr geboren werden sollten, umher. Das Element des Schenkens war in dieser Vorstellung bereits enthalten: Dem Geisterzug wurde Essen hingestellt.

V

Vater Winter siehe **Weihnachtsmann**

Väterchen Frost

Konsequente Metamorphose einer Metamorphose: Väterchen Frost ist die sowjetische Mutation der aufklärerischen Nikolaus-Mutation Herr Winter. So wie in den ehemals „realsozialistischen" Systemen konsequent alle christlichen Feste durch profane Parallel-„Neu"schöpfungen ersetzt wurden (die Taufe wurde zum Beispiel zum Fest der Namensgebung), musste natürlich auch der heilige Nikolaus abtreten. Damit aber der Tag (und die Erinnerung an den alten Sinn des Tages) überdeckt werde, trat nun Väterchen Frost als Gabenbringer am nun sowjetischen Kinderbeschenktag auf. So leicht ließ sich christlicher Sinn in säkularisierter Form vermeintlich importieren und implantieren. Dass sowjetische Potenaten (z. B. Nikita = „Nikoläuschen" Chrustschow), die den Namen des heiligen Nikolaus selber trugen, die Nikolaus-Mutation „Väterchen Frost" gut hießen, schien ihnen nicht aufgefallen zu sein.

Väterchen Winter siehe **Herr Winter**

Väterchen Winter siehe **Weihnachtsmann**

Vater-unser-Holz siehe **Klausenholz**

Vater-unser-Hölzle siehe **Klausenholz**

Vergoldete Nüsse siehe **Nüsse**

Verkleiden
Beim Einkehrbrauchtum des hl. Nikolaus schlüpft jemand in die Kleider des hl. Nikolaus. Das Verkleiden erlaubt dem Verkleideten, in eine andere Rolle zu schlüpfen, spielerisch eine andere Identität anzunehmen. Für eine überschaubare Zeit ist der Verkleidete jemand anderes, den er nicht nur formal, sondern auch inhaltlich nachahmt. In der Rolle des anderen kann er das spielen, was zu dieser Rolle gehört. Dadurch geschieht Vergegenwärtigung; das bislang nur Erzählte wird als lebendes Bild plastisch und anschaulich, prägt sich als gesehenes, gehörtes und gemeinsam erlebtes Bild beim Betrachter stärker ein. Das Hineinschlüpfen in andere Rollen (vgl. z. B. Karneval) ist nicht nur für Kinder typisch, sondern auch für Erwachsene, die – soziologisch gesehen – selbst ständig verschiedene Rollen spielen.

Versöhnungstag siehe **Unschuldige Kinder**

Vierzehnheilige, Vierzehn Nothelfer
Wenn man schon einen Heiligen als mächtigen Fürsprecher bei Gott betrachten kann, um wie viel mehr muss dies für ganze Gruppen gelten, dachten sich die Menschen im Mittelalter. Die bis heute bekannteste Gruppe wurde im 14. Jahrhundert gebildet: die Vierzehnheiligen oder heute Vierzehn Nothelfer. Das Neue Testament kennt die Vorstellung, dass Kinder stets von Schutzengeln begleitet werden (Matthäus 18,10). Seit dem 14. Jh. trifft diese Tradition

mit der von den Vierzehnheiligen zusammen, dem Glauben an spezielle Heilige, die in bestimmter Not angerufen werden. Sie verbreiteten sich im 15. Jahrhundert über den deutschsprachigen Raum hinaus. Dieser Gedanke ist der Hintergrund der überlieferten Erscheinung, die der Sohn des Klosterschäfers 1445/46 in Frankenthal bei Bamberg hatte: Ihm erschien Christus im Kreis von vierzehn Kindern, die sich als heilige Nothelfer vorstellten. In Vierzehnheiligen bei Staffelstein bildete sich ein bis heute viel besuchter Wallfahrtsort. Die Vierzehn Nothelfer werden – in Bild und Plastik – meist unter der Gottesmutter Maria dargestellt. Es sind meistens: Achatius, der Soldat, (in Todesangst); Abt Ägidius (Helfer bei der Beichte); Barbara (in der Sterbestunde); Blasius von Sebaste (bei Halsleiden und anderen Krankheiten); Christophorus (gegen unvorbereitetenTod); Cyriakus von Rom (bei Besessenheit); Dionysius von Paris (bei Kopfschmerzen); Erasmus (bei Leibschmerzen); Eustachius (in aller Not); Georg (Schutzheiliger der Reiter und der Haustiere); Katharina von Alexandrien (bei Kopfschmerzen); Margareta von Antiocheia (Beistand der Gebärenden); Pantaleon (bei allen Krankheiten); Vitus (bei Epilepsie, Tollwut und Besessenheit). Lokale oder regionale Traditionen fügen den Vierzehnheilgen gerne noch einen ihrer Heiligen zu. Der heilige Nikolaus wurde ebenfalls im Hoch- und Spätmittelalter gern den Vierzehnheiligen (Nothelfern) zugerechnet. Die Bedeutung der Vierzehnheiligen ergibt sich auch daraus, dass in der zweiten Hälfte des 20. Jahrhunderts allein in Deutschland mehr als 830 spezifischeKultstätten bestehen. Andere Heiligengruppen sind z. B. die Vier Marschälle Gottes und die drei heiligen Madl.

W

Weck(en) siehe **Weckmann**

Weckmann

In den frühen Tagen der Kirche war es üblich, sonn- und feiertags nach dem Gottesdienst als Kommunionersatz denen, die die Eucharistie nicht empfangen hatten, nicht hatten empfangen dürfen (= Büßer, Katechumenen) oder nicht hatten empfangen können (= daheimgebliebene Kranke), gesegnetes, aber nichtkonsekriertes Brot zu reichen. In der griechisch- und russisch-orthodoxen Liturgie hat sich dieser Brauch erhalten, der auf die urchristliche Agapefeier (Liebesmahl) nach dem Gottesdienst zurückgeht, die wiederum ein Brauch ist, den die Juden noch heute pflegen: Nach dem Kabbalat-Sabbat, dem Gottesdienst am Freitagabend zum Sabbatbeginn, versammeln sich alle Gottesdienstteilnehmer zu einem gemeinsamen Mahl. Im Laufe der Zeit erhielt das dabei verwendete Gebäck eine auf den Festinhalt bezogene Form. Man nennt es Gebildebrot. Der Weckmann, ursprünglich wohl nur ein am Nikolaustag übliches Nikolausgebäck, später auch am Tag des Martin und heute in der gesamten Adventzeit üblich, (Stutenkerl oder Piepenkerl im Westfälischen; Hefekerl in der Schweiz; Kloskählsche in Neuss, aber auch Printenmann, Hanselmann, Klasenmann, Jahresmann) ist ein Gebildebrot, also eine mit Weizenmehlteig geformte oder in den Teig geformte Figur: Dargestellt ist ein Bischof! Die heute meist vorfindliche Tonpfeife ist ein Irrtum: Dreht man die Tonpfeife mit demKopf nach oben, so erkennt man noch heute, dass statt der Tonpfeife ursprünglich ein Bischofsstab angebracht war. Die Tonpfeifen kamen nach dem Ersten Weltkrieg auf, als die Westerwälder Pfeifenbäcker neue Absatzmärkte suchten. Der mindestens seit dem 15. Jahrhundert bekannte Weckmann hat seitdem einen Siegeszug angetreten, der ihn heute auch in Bäckereien Süddeutschlands, in München ebenso wie in Stuttgart oder Freiburg „heimisch“ hat werden lassen. Die Bezeichnung Printenmann drückt die Form des Gebildebrotes aus, Stuten, Stutenkerl und Weck(en), Wegge oder Weckmann, Wegg(e)mann, bezeichnen Teigart und Form des Gebäcks.

Wegg(e)mann siehe **Weckmann**

Wegge siehe **Weckmann**

Weihnachtsbescherung
Der ironische Ausspruch, dass etwas eine schöne (Weihnachts-) Bescherung sei, kennzeichnet die Zwiespältigkeit, die mit der Bescherung heute verbunden ist. Der nur im Deutschen gebräuchliche Terminus „Bescherung“ ist abgeleitet von dem mittelhochdeutschen Wort „beschern“, das „zuteilen“ oder „verhängen“ bedeutete. Verwendet wurde der Begriff meist in Verbindung mit Gott oder Schicksal: „Es ist mir (von Gott) beschert.“ Weil die Weihnachtsgeschenke als Geschenke des „Christkinds“ dargestellt wurden, also eine Art von nicht hinterfragbarer Zuteilung waren, wurden Kinder „beschert“. Zeitpunkt und Form der Bescherung variieren: Heute werden die Kinder meist am Heiligabend nach Anbruch der Dunkelheit zur „Bescherung“ gerufen, andererseits ist es in vielen Familien auch üblich, dass die Kinder ihre Geschenke am Morgen des ersten Weihnachtstages finden. In den Familien wird in der Regel kein „Kinderbeschenker“ bemüht, in katholischen Familien traditionell nie ein „Weihnachtsmann“. Ein personifiziertes „Christkind“ oder ein leibhaftiger „Nikolaus“ tauchen am Heiligabend im Familienkreis prinzipiell nicht auf. Wenn die Geschenke auf eine solche Person zurückgeführt werden, wird unterstellt, dass sie heimlich da waren. Das heimliche Schenken über Nacht ist ein Nikolaus-Relikt aus der ersten Brauchtumsphase.

Weihnachtsmann
Um 1535 schafft der Reformator Martin Luther die Kinderbescherung am Nikolausabend durch den hl. Nikolaus ab. Protestantische Kinder erhalten seitdem an Weihnachten Geschenke durch

den „heiligen Christ". Das Christkind eroberte zuerst das evangelische Deutschland und erst ab 1900 schließlich auch – konfessionsüberschreitend – das katholische Bayern und Rheinland. Um 1930 hatte sich schließlich in Nordwest- und Südwestdeutschland „das Christkind", in den anderen Landesteilen der Weihnachtsmann als Gabenbringer durchgesetzt. In den protestantischen Niederlanden dagegen blieb das Schenkfest am Nikolaustag ebenso erhalten wie Nikolaus als Gabenbringer. Der von den Niederlanden in die „Neue Welt" exportierte Nikolaus wurde zum Santa Claus, verlegte aber die Bescherung auf den 25. Dezember. Vermischt mit aus Deutschland importierten Vorstellungen eines Väterchen Winter (Herr Winter, Holzschnitt von Moritz von Schwind, 1847), verliert Santa Claus in der ersten Hälfte des 19. Jahrhunderts die eindeutige Bischofskleidung (Mitra, Stab, Brustkreuz, Chormantel, Stola etc.) und erhält einen mit Pelz besetzten Mantel und eine ebensolche Pudel- oder „Plümmelmütze" und wird in denUSA zum Father Christmas. Im Vordergrund steht nun die Vorstellung von einem deutschen, oberpfälzischen Vater Winter: Pausbäckig mitBäuchlein, gemütlich und weißbebärtet, ergibt sich eine Mischung von Nikolaus, Großvater und Landgerichtspräsident. In dieser neuen Figur verschmelzen der gute Heilige und sein böser Begleiter zu einer Person. Aus dem hageren, asketischen Nikolaus wurde ein „weltlicher Herr"; durch sein „Umstylen" war er nun säkularisiert. Die inhaltliche Metamorphose wurde äußerlich in seiner Erscheinung nachgeholt, ikonografisch und inhaltlich hat sich der Weihnachtsmann nun vom Nikolaus gelöst. Der „Macher" dieser neuen Figur ist der 1840 in der Pfalz geborene und 1846 mit seiner Mutter in die USA ausgewanderte Thomas Nast. Während des amerikanischen Bürgerkriegs (1861–1865) kreierte er aus dem Pelznickel seiner Kindheit und dem in niederländischer Tradition stehenden Santa Claus den amerikanischen Weihnachtsmann: Aus dem Asketen Nikolaus war ein gemütlicher, rotgewandeter Dicker geworden. Als die rote Kleidung einen weißen Pelzbesatz erhielt, übernahm 1932 Coca Cola diesen rot-weißen Weihnachtmann weltweit in die Werbung. Der

Weihnachtsmann in den „Hausfarben“ von Coca Cola wünschte neben einem Gabenstrumpf eine „erfrischende Pause“. Seit diesem außerordentlich erfolgreichen Werbefeldzug ist der Weihnachtsmann standardisiert. Sein roter Mantel kann sich also nicht auf eine ungebrochene Tradition berufen und als letztes bischöfliches Attribut eine gewisse Alibifunktion haben. Das letzte ikonografische Element versteckt sich eher, als dass es offen erkennbar ist: die Plümmelmütze. Wie bei den Gartenzwergen als einziges Herkunftsrelikt die spitz nach vorn geneigte rote Mütze bleibt, so auch beim Weihnachtsmann. In der phrygischen Mütze ist der Hinweis auf die kleinasiatische Herkunft des Nikolaus enthalten. Als Weihnachtsmann nach Deutschland und Europa reimportiert, hat er in evangelischen Familien weitgehend das Christkind abgelöst, das dafür in den katholischen Familien, die die Kinderbeschenkung zu Weihnachten nachvollzogen haben, Asyl gefunden hat. Im überwiegend katholischen Süden und Westen Deutschlands glaubten die Kinder nach einer volkskundlichen Befragung 1932 vorzugsweise an das Christkind, im Norden und Osten dagegen an den Weihnachtsmann. Die konfessionsunterscheidende Funktion von „Christkind“ und „Weihnachtsmann“ ist seitdem weitgehend aufgeweicht. Im Ausland (Frankreich: Papa Noël; Italien: Baba Noël; Türkei: Aba Noël ...) hat der Weihnachtsmann die Rolle des weihnachtlichen Gabenbringers übernommen, sofern zu Weihnachten beschert wird. Inzwischen ist der Weihnachtsmann wirklich „ein Mann von Welt“ und stachelt als Animateur zu weihnachtlichen Kauforgien an. Das einst ausgesprochen positive Image des Weihnachtsmannes wandelt sich: Die Titulierung „Sie Weihnachtsmann“ gilt nicht gerade als Belobigung, und wer als „ein (richtiger) Weihnachtsmann“ etikettiert wird, ist ein wunderlicher, einfältiger Mensch. Als diese Redewendung um 1920 aufkam, sollte sie die Vollbartträger verächtlich machen. „Noch an den Weihnachtsmann glauben“ (vgl. „noch an den Klapperstorch glauben“) meint einfältig, unaufgeklärt, unerfahren sein. Diese Redewendung ist gleichfalls um 1920 aufgekommen und entspricht dem französischen „croire encore au Père Noël“. In den

Seit Jahren engagiert sich das Paderborner Bonifatiuswerk für den Nikolaus und erklärt Deutschland zum Sperrgebiet für den Weihnachtsmann.

Niederlanden führte der Einzelhandelsverband 1995 eine Aktion durch und verbuchte einen klaren Punktsieg für St. Nikolaus gegenden Weihnachtsmann. Auf der einen Seite formieren sich die Sinterklaas-Fans, die keinen Weihnachtsmann auf niederländischem Territorium dulden wollen, und auf der anderen Seite stehen die Anhänger des – angeblich deutschen – Weihnachsmannes. Wie einen Kultursieg verkünden die Eiferer: „Sinterklaas kommt in diesem Jahr in 3,8 Millionen Haushalte, der Weihnachtsmann nur zu 2,8 Millionen Familien." Bürgermeister haben ihre Gemeinden zu „Weihnachtsmannfreien Zonen" erklärt und gleich das passende Schild neben das Ortsschild gehangen, Geschäftsleute, die sich nicht an die „Regel" halten, müssen mit Ärger rechnen: Ihnen wird ein „Weihnachtsmann-Verbotsschild" – ein mit rotem Balken durchgestrichener Weihnachtsmann – auf die Schaufensterscheibe geklebt. Geschäftstüchtige Niederländer sehen diesen „Kulturkampf" mit großem Vergnügen und heizen ihn immer wieder an: Schließlich darf man darauf hoffen, dass demnächst in den Niederlanden außer am 6. Dezember auch noch am 25. Dezember geschenkt (und damit vorher gekauft!) wird. Das zum Auftauchen des Weihnachtsmannes passende Lied „Morgen kommt der Weihnachtsmann" hat 1835 kein Geringerer als Hoffmann von Fallersleben verfasst.

Winter, Herr oder Väterchen

Der „Herr Winter" verleiht 1847 dem Sankt-Nikolaus-Ersatz Gestalt: eine Mischung aus fröhlich-senilem Dickerchen, gekoppelt mit einem pennerhaften Eremiten-Outfit. Väterchen Winter bot die Vorlage für die sowjetische Variante: Väterchen Frost. Anders ist der Winter der Frühlingsbräuche. Eine mit Stroh verkleidete Person spielte den Winter, der höflich verabschiedet, vertrieben oder spielerisch ums Leben gebracht wurde (Winterverbrennen), damit der Sommer seinen Platz einnehmen konnte.Verschiedentlich nimmt der Winter die Gestalt des schwarzen Mannes und des Todes ein.

Winternikolaus

Im Gegensatz zum **Sommernikolaus** am 9. Mai wird der Gedenktag des heiligen Nikolaus am 6. Dezember Winternikolaus genannt.

Wotan

Die dämonischen Gestalten, die Nikolaus begleiten, Angst einjagen und sich zum Teil hinter Teufelsmasken verbergen, sollen nach Auffassung einiger Volkskundler den germanischen Gott Wotan symbolisieren. In einem Kindervers heißt es: „Wer kommt denn da geritten?

Der Wude, Wude Nikolaus. Lasst uns nicht lange bitten und schüttle deinen Beutel aus." Wode, Wude, Wotan hatte vor Nikolaus am 6. Dezember seinen Festtag. Auch an seinem Fest soll man (Holz-)Schuhe vor die Haustüre gestellt haben, gefüllt mit Möhren oder Brotstückchen, und dazu Hafer als Futter für sein Pferd. Für diese Gaben zugunsten des Pferdes von Wotan erwarteten die Kinder eine Belohnung. Bezeugt ist dieser jetzt auf Nikolaus bezogene Brauch seit dem 16. Jahrhundert. Auf Wotan bezogen gelten für einige Autoren auch die Hörnchen, ein Festgebäck in Form des Hufeisens (Martinshörnchen, Lutherbrötchen), das auf die in den Wotan-Mythen belegte Wilde Jagd zurückgehen soll.

Wunschzettel

Bis zur Reformation war das Kinderbeschenken nicht mit Weihnachten verbunden. Im Biedermeier des 19. Jahrhunderts bürgerte sich der Wunschzettel ein, mit dem Kinder des gehobenen Bürgertums ihre Eltern als Vermittler gegenüber dem Gabenbringer einsetzten. Dieser neue Brauch wird durch sein materielles Interesse an den „richtigen" Geschenken gekennzeichnet, der besitzenden Kreisen vorbehalten war. Vom Einkehrbrauch zu Nikolaus ist hier nur noch die Form erhalten, der Brauchgehalt ist verschüttet. In Köln schrieben die Kinder einen Wunschzettel an den heiligen Nikolaus, den sie in einem besonderen Beichtstuhl im Dom einwarfen, auf dem der heilige Nikolaus mit Schülern im Pökelfass abgebildet war. Auch heute schreiben Kinder noch an den Nikolaus, vielfach auch an den Weihnachtsmann Wunschzettel. Die Wunschzettel gelangen jedoch nicht immer direkt an die Eltern. „Moderne“ Kinder benutzen die Post und adressieren zum Beispiel „An den heiligen Nikolaus“ oder „An das himmlische Postamt“. Briefe dieser Art gelangen an eins der sieben deutschen „Weihnachtspostämter“ mit einschlägigem Namen: 49681 Nikolausdorf, 66352 Sankt Nikolaus/Saar (= Großrosseln), 16798 Himmelpfort, 21709 Himmelpforten, 31137 Himmelsthür, 97267 Himmelstadt oder 51766 Engelskirchen. Die Kinder erhalten von hier zwar keine Geschenke, wohl aber eine Antwort: Diese Postämter halten vorgefertigte illustrierte Antworten und Briefmarken mit Sonderstempel bereit. Aber es gibt in Deutschland noch weitere „Nikolaus-Orte“: 06556 Niklausrieth, 14129 Nikolasee (= Berlin), 37077 Nikolausberg (= Göttingen), 83739 Nikolasreuth, 84034 Nikola (= Landshut), 97956 Niklashausen (= Werbach). Wenigstens 150 Jahre lässt sich der Brauch, an das Christkind oder den Weihnachtsmann Wunschzettel zu schreiben, zurückverfolgen. Während in schlechten Zeiten Wünsche nach neuen Spielsachen eher hinter den Wünschen nach Reparatur alter, defekter oder beliebter Spielsachen zurückstehen, sind heute die Wünsche eher „marktkonform“: Gewünscht wird, was es auch im Handel zu kaufen gibt. Die entsprechende Beschreibung aus dem Katalog liegt u. U. dem computergeschriebenen Wunschzettel praktischerweise gleich bei. Um die Jahrhundertwende wurde der Wunschzettel auf vorgedruckte, kunstvoll dekorierte Karten mit farbig illustrierten Vorderseiten geschrieben.

Wurf- oder Streuabend

Als Vorläufer des Einlege- und des Einkehrbrauches wurden am Nikolausabend Äpfel, Nüsse, Gebäck und Süßigkeiten in einen Raum geworfen, in dem sich die Kinder der Familie aufhielten, oder aber über Nacht Geschenke ausgelegt. Später wurden die Geschenke wohl in die Schuhe gesteckt, die Futter für den Esel des heiligen Nikolaus enthielten. Das Nikolaus-Schiffchen war ein von den Kindern gebastelter Gabenteller. Auch wurden im Haus Strümpfe zu diesem Zweck aufgehangen. Auf diese Weise wurde die Legende von den drei Jungfrauen nachgespielt, die von Nikolaus jeweils einen Goldklumpen empfingen. Für 1836 wird aus Münster berichtet, dass dort die Waisenkinder der Stadt in der früheren Nikolaus-Kapelle auf dem Domhof versammelt wurden; durch eine Öffnung im Gewölbe regneten Gaben auf die Kinder herab.

Z

Zink Knatsch siehe **Nikolaus-Begleiter**

Zink Muff siehe **Nikolaus-Begleiter**

Zinterklos siehe **Nikolaus, Nikolaus-Name**

Zwarter Piet siehe **Nikolaus-Begleiter**

Zwetschgen-Krampus
In Erinnerung an den Krampus, eine Teufelsgestalt, der früher in Österreich an der Seite des Nikolaus tobte, schenkt man heute den Kindern einen Zwetschgen-Krampus, auf Draht gezogene Dörrzwetschgen mit einem Walnusskopf.

Literatur

Anrich, Gustav: Hagios Nikolaos. Der heilige Nikolaus in der griechischen Kirche. Texte und Untersuchungen. 2 Bde., Leipzig/Berlin 1913, 1917

Austen, Georg: Nikolaus mit Kindern feiern. Geschichten und Kreativideen. Kevelaer 2016

Baumgart, Klaus / Hering, Wolfgang / Meyerholz, Bernd: Der Nikolaus hat viel zu tun. München 2016

Becker-Huberti, Manfred: Der heilige Nikolaus. Leben, Legenden und Bräuche. Köln 2005

Borchhardt, Jürgen: Myra. Eine lykische Metropole in antiker und byzantinischer Zeit. (= Istanbuler Forschungen, 30). Berlin 1975

Brand, Fabian: Das Nikolaus-Buch. Freiburg/Br. 2017

Cratzius, Barbara: St. Nikolaus – geben, helfen, sich verschenken.Leipzig 2016

Cratzius, Barbara / Leberer, Sigrid: Nikolaus, komm doch bald. Kevelaer 2015

Cartzius, Barbara / Leson, Astrid: Vom Nikolaus den Kindern erzählt. Kevelaer 2015

Dräger, Kathrin: Familiennamen aus dem Rufnamen „Nikolaus" in Deutschland (= Regensburger Studien zur Namensforschung, 7). Regensburg 2013

Fährmann, Willi: S(ankt) Nikolaus. Freiburg/Br. [1980]

Fährmann, Willi: Der Mann aus Myra. Legenden um St. Nikolaus. Hildesheim 1990ff.

Fährmann, Willi: Alte und neue Geschichten vom Nikolaus. Moers 1998

Fährmann, Willi: Nikolaus und Jonas mit der Taube. Würzburg 2003ff.

Görtler, Carolin: Die Geschichte vom heiligen Nikolaus. Freiburg/Br. 2016

Grün, Anselm / Ferri, Giuliano: Die Legende vom heiligen Nikolaus. Freiburg/Br. 2014

Härtel, Hermann: Das Nikolo-Geheimnis. Gnas/Österreich 2014

Klein, Klaus: Der heilige Nikolaus von Myra. Ein Heiligenleben. Saarbrücken 2008

Kunze, Max / Vollkommer, Rainer: Heiliger Nikolaus. Leben und Wirken des Nikolaus von Myra. Ausstellungskatalog. Mainz/Wiesbaden 2014

Leson, Astrid: Lieber heiliger Nikolaus. Kevelaer 2016

Meilinger, Willi: Der hl. Nikolaus und seine Kramperln und Buttmandeln. Berchtesgaden 2015

Meisen, Karl; Nikolauskult und Nikolausbrauch im Abendlande. Düsseldorf 1981 (Reprint von 1931)

Mezger, Werner: Sankt Nikolaus. Zwischen Kult und Klamauk. Zur Entstehung, Entwicklung und Veränderung der Brauchformen um einen populären Heiligen. Ostfildern 1993

Rensmann, Gesa: Sankt Nikolaus. München 2016

Sartory, Thomas und Gertrude: Der heilige Nikolaus – Die Wahrheit der Legende. Freiburg 1981

Schneider, Antonie: Die Geschichte vom heiligen Nikolaus. Münster 2015

Uebe, Ingried: Die Geschichte von Sankt Nikolaus. Freiburg/Br. 2016

Bildquellen

A. Schwarz-weiß-Bilder

S. 30: Heiliger Nikolaus. Leben und Wirken des Nikolaos von Myra. Katalog hg. von Max Kunze, Winckelmann-Gesellschaft, und Rainer Vollkommer, Liechtensteinisches Landesmuseum. Ruhpolding und Mainz 2014, S. 53.

S. 34: Autorenarchiv. Foto: Manfred Becker-Huberti

S. 38: Autorenarchiv

S. 40: Autorenarchiv. Foto: Manfred Becker-Huberti

S. 42: Autorenarchiv. Foto: Manfred Becker-Huberti

S. 91: Autorenarchiv: Nazarenersammlung Manfred Becker-Huberti

S. 106: https://upload.wikimedia.org/wikipedia/commons/0/0b/Schwind_winter.jpg (13. 6. 2018)

S. 117: Niederrheinisches Museum für Volkskunde, Kevelaer

S. 243: © Bonifatiuswerk der deutschen Katholiken e. V.

B. Farbtafeln

Teil I nach S. 48:

Seite 1: Autorenarchiv

Seite 2 und 3: https://commons.wikimedia.org/wiki/File:M%C3%BChlhausen,_Marienkirche,_Altartafeln.jpg (11. 6.18)

Seite 4: Autorenarchiv

Teil II nach S. 112:

Seite 1: © KOLUMBIA, Köln / Foto: Lothar Schnepf

Seite 2: Bildquelle: https://de.m.wikipedia.org/wiki/Datei:St._Nikolaas_bij_stoute_kinderen.jpg (11.06.18)

Seite 3: Heinrich Hoffmann: Der Struwwelpeter. Frankfurt/M. 1917.

Seite 4: aus dem Internet.

Teil III nach S. 192:

Seite 1: © Andrew Bossi

Seite 2, oben: Autorenarchiv

Seite 2, unten: http://kirchenundkapellen.de/kirchen/heilige-nikolaus.htm (11. 6. 18)

Seite 3: Autorenarchiv Foto: Manfred Becker-Huberti

Seite 4: Autorenarchiv. Foto: Manfred Becker-Huberti